科普中国
带你进入
铁路的世界

黎 舜 张栋伟 姚方元 著

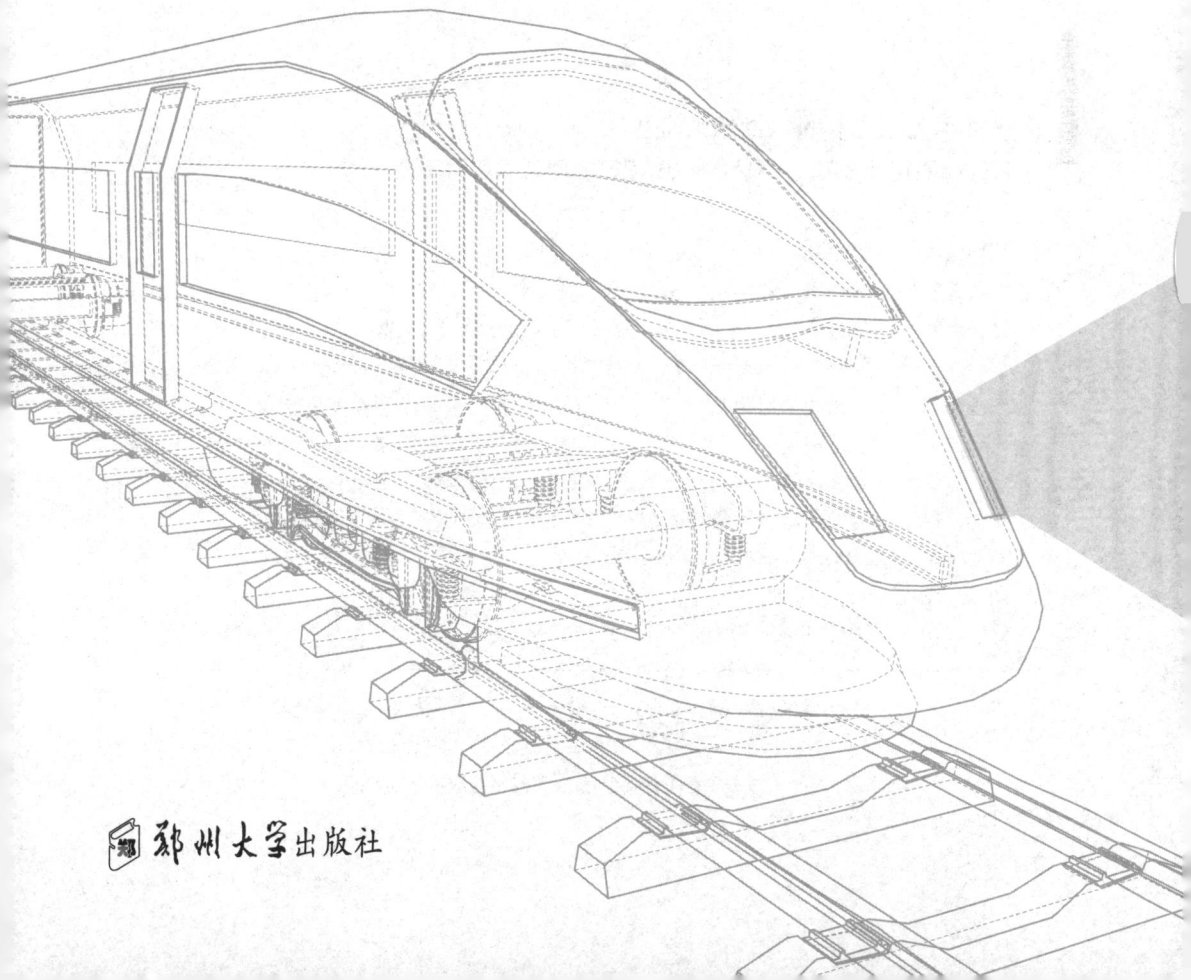

郑州大学出版社

图书在版编目（CIP）数据

科普中国：带你进入铁路的世界 / 黎舜，张栋伟，姚方元著. — 郑州：郑州大学出版社，2025.4

ISBN 978-7-5645-9683-5

Ⅰ . ①科⋯　Ⅱ . ①黎⋯②张⋯③姚⋯　Ⅲ . ①铁路 - 普及读物

Ⅳ . ①U23-49

中国国家版本馆 CIP 数据核字（2023）第 079023 号

科普中国：带你进入铁路的世界

KEPU ZHONGGUO：DAI NI JINRU TIELU DE SHIJIE

策划编辑	胥丽光	封面设计	王　微
责任编辑	孙　泓　郑利欢	版式设计	王　微
责任校对	张若冰	责任监制	朱亚君

出版发行	郑州大学出版社	地　　址	河南省郑州市高新技术开发区
出版人	卢纪富		长椿路 11 号（450001）
经　销	全国新华书店	网　　址	http://www.zzup.cn
印　刷	河南印之星印务有限公司	发行电话	0371-66966070
开　本	710 mm×1 010 mm　1 / 16		
印　张	9	字　　数	144 千字
版　次	2025 年 4 月第 1 版	印　　次	2025 年 4 月第 1 次印刷

书　号	ISBN 978-7-5645-9683-5	定　价	46.00 元

本书如有印装质量问题，请与本社联系调换。

前 言

高速铁路作为现代工业文明的崭新成果,发端于日本,发展于欧洲,兴盛于中国。经过多年的发展,中国高铁以其安全、快捷、环保、节能等技术经济优势赢得了各国青睐。风驰电掣的高速列车给人们带来了快捷愉悦的全新感受。"银龙出京一路奔,转瞬之间入津门。齐鲁皖苏须臾过,品茗到沪尚存温。"这首诗生动呈现出京沪高铁为人们带来的幸福生活。四通八达的高铁不仅改变了人们的出行方式,也对经济社会产生了深远影响。

中国人喜爱高铁。但凡有机会,都愿与靓丽的高速列车合影留念,而且带着浓厚兴趣想进一步了解高铁。"高铁为什么跑得那么快?""高铁为什么跑得那么稳?""高铁行驶安全如何保障?"这些问题,不但孩子会问,成年人也十分关心。然而,铁路是一个复杂而庞大的系统,除技术上涉及科技、工程、制造、管理等外,还受政治、经济、军事、社会、市场、国内、国外等诸多因素影响,只字片语难以讲通讲透。

为了满足大家对铁路的认知需求,我们编写了这本《科普中国——带你进入铁路的世界》,深入浅出地把复杂的铁路知识讲清楚。本书由铁路的发展历程、普通铁路时代、高速铁路时代、未来高铁时代四个章节,世界铁路发展历程、中国铁路发展历程、普通铁路时代的列车、普通铁路时代的铁路、隧道和桥梁、普通铁路站房、高速铁路时代的列车、高速铁路时代的铁路、高速铁路时代的站房、磁悬浮列车、未来高铁发展十一个科普专题构成,在传统

1

的科普体系下搭建新的科普框架,全面覆盖了铁路领域的必要知识,运用"章节—专题—科普专项"的分类方式,分解成一个个独立的科普小知识,通过通俗易懂的语言、图文并茂的形式,对铁路做了既科学严谨又通俗生动的科普解读,为广大读者走近铁路进行导航。

目　录

第一章
铁路的发展历程

专题一 >> 世界铁路发展历程

科普专项 1　世界第一条铁路

世界第一条铁路在英国。1825 年 9 月 27 日,英国建造出了世界第一条铁路——斯托克顿—达灵顿铁路。1822 年 5 月 23 日,铁路在斯托克顿开工,用了 3 年多的时间修建成功。全长 20 英里(约合 32 千米),铁轨是鱼肚形的熟铁轨,每码重 28 磅(合每米 13.9 千克)。机车只有两台,大小不及现代普通机车的 1/20,有一对直立的汽缸和一对直径 48 英寸(约合 122 厘米)的动轮,后加一个煤水车,行驶速度每小时 15 英里(约合 24 千米),从此铁路登上了世界的舞台。

科普专项 2　世界铁路发展情况

一、英国铁路发展情况

英国的斯托克顿—达灵顿铁路,是世界上第一条行驶蒸汽机车的永久性公用运输设施。其正式开业运营,标志着近代铁路运输业的开端。在通车典礼上,由机车、煤水车、32 节货车和 1 节客车组成的载重量约 90 吨的"旅行者号"蒸汽列车(图 1-1),由设计者斯蒂芬森亲自驾驶,上午 9 点从伊库拉因车站出发,下午 3 点 47 分到达斯托克顿,共运行了约 32 千米。

图 1-1　"旅行者号"蒸汽机车

（资料来源:百科知识,2022 年 7 月 17 日）

铁路以其迅速、便利、经济等优点,深受人们的重视。修筑铁路成为最热门、最时髦的事情。19 世纪 50 年代是英国铁路修建的高潮时期,1880 年主要的线路基本完成,1890 年全国性铁路网已形成,铁路网总长达 32 000 千米。

二、美国铁路发展情况

1827 年,美国第一条铁路建成通车,全长 21 千米,始于巴尔的摩终于俄亥俄州。19 世纪 50 年代,筑路规模扩大,80 年代形成高潮。在 1850—1910 年的 60 年间,共修筑铁路 37 万余千米,平均年筑路 6 000 余千米。1887 年筑路达 20 619 千米,创铁路建设史上的最高纪录。1916 年,美国铁路营业里程达到历史上的最高峰,共 408 745 千米。但此后,出于其他运输方式迅速发展等原因,线路不断被拆除和封闭,长度不断缩减。

三、德国铁路发展情况

20 世纪初,德国铁路网已基本形成。1835 年,德国纽伦堡开行蒸汽旅客列车——Adler 蒸汽机车(图 1-2)。该机车 1835 年在英国制造,是德国铁路史上最早行驶的蒸汽机车。第二次世界大战后,铁路网规模大为缩小。

1964 年,德国铁路提出铁路网扩建改造计划,对既有线路进行了为期多年的现代化改造。1973 年,汉诺威—维尔茨堡高速铁路的开工建设,拉开了德国高速铁路建设的序幕。1994 年,原西德的联邦铁路公司和东德的国营铁路公司合并,成立德国铁路股份公司,并通过了"Netz 21"(21 世纪路网发展规划)的基本方案,对基础设施和通信信号设备进行改造升级。

图 1-2　Adler 蒸汽机车

(资料来源:美篇,2020 年 4 月 7 日)

科普专项 3　世界铁路里程

目前,全世界共有 144 个国家和地区拥有铁路,总长度约 120 万千米。铁路分布在欧洲、美洲、亚洲等(图 1-3),其中美国铁路 20 多万千米,俄罗斯铁路 10 多万千米,截至 2022 年 12 月,中国铁路营业里程达 15.5 万公里,其中高铁 4.2 万公里,印度、加拿大的铁路 6 万多千米,法国、德国的铁路 4 万多千米,阿根廷的铁路 3 万多千米,日本、意大利、墨西哥、巴西、波兰、南非等国家的铁路 2 万多千米,英国、西班牙、瑞典等国家的铁路 1 万多千米,4 000 千米铁路以上的有澳大利亚、匈牙利、新西兰、奥地利、芬兰、智利、古巴、挪威、保加利亚、比利时、巴基斯坦、土耳其、朝鲜、印度尼西亚、伊朗、埃及等国家。

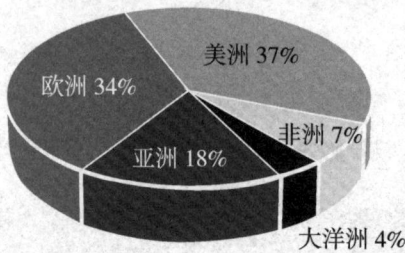

图1-3　世界铁路里程分布饼状图(截至2022年6月10日)

世界铁路里程中,高铁里程也是值得关注的(图1-4)。截至2020年,中国高铁营业里程处于全球领先地位,约为3.8万千米。排名前五的国家还包括西班牙、日本、法国、德国,高铁营业里程分别达到3 330千米、3 041千米、2 734千米及1 571千米。

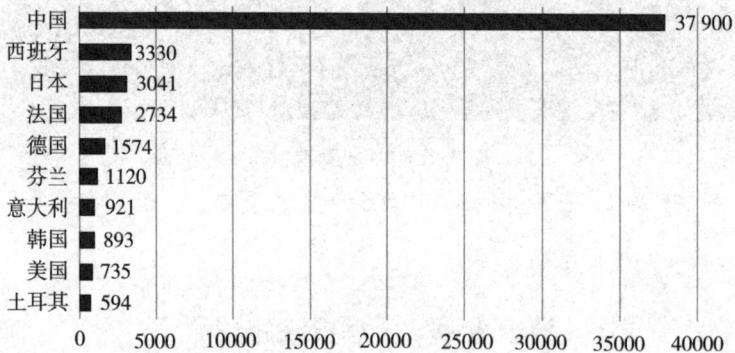

图1-4　截至2020年全球高铁营业里程TOP10国家(单位:千米)

(1)中国。进入21世纪以来,中国高铁飞速发展,创造了从"追赶者"到"领跑者"的世界奇迹,中国高铁以系统技术最全、集成能力最强、营业里程最长、运行速度最高的亮丽名片,成为世界铁路发展的新航标。1999年,秦沈客运专线开工建设,2003年10月,全段建成通车,设计速度为250千米/时。秦沈客运专线是中国第一条真正意义上的高速铁路,是中国铁路步入高速化的起点,在中国铁路的发展历史上具有里程碑式的意义。2010年

12 月 3 日,在京沪高速铁路先导段枣庄至蚌埠间进行的联调联试和综合试验中,国产"和谐号"CRH380A 新一代高速动车组最高时速达到 486.1 千米,刷新了世界铁路最高运营时速。2017 年,京沪高铁上以 350 千米时速运营的"复兴号"动车组列车,开启了中国铁路新时代,2019 年 12 月 30 日,京张高铁投入运营,中国高铁正式迈入智能化时代,同时也开启了世界智能铁路的先河。

(2)日本。1964 年 10 月 1 日,世界上第一条高速铁路——东海道新干线建成通车,在此后的 40 余年间,新干线线路不断发展,逐渐延伸至日本本州岛、九州岛的大部分地区。2016 年 3 月 26 日,北海道新干线开通,至此,日本的新干线网几乎覆盖从最北端的北海道至南部九州岛的整个日本列岛。截至 2020 年,日本新干线共有 9 条线路,其中包含 2 条线路较短的迷你新干线,将日本大多数的重要都市联结起来。新干线最初由日本国有铁道(国铁)研发与运营,国铁分割民营化后由日本铁路公司接手。

(3)西班牙。西班牙高速铁路由西班牙国家铁路公司营运,高速列车简称 AVE,采用法国技术,最高时速达 300 千米。与西班牙其他铁路系统采用宽轨不同,该系统使用标准轨及专用轨道,也让未来可以与其他地区的铁路相连接。1992 年 4 月,西班牙在巴塞罗那奥运会前夕开通了从马德里至塞维利亚的高速铁路,赶上了世界高速运输的发展步伐。在第一条高速干线运营成功以后,西班牙继续加快高速列车的发展,制定了新的路网规划。经过新建和改建以后,西班牙铁路形成一个现代化的高速路网,跻身于世界铁路的先进行列。

(4)法国。1971 年法国政府批准修建 TGV 东南线(巴黎至里昂,全长 417 千米,其中新建高速铁路线 389 千米),1976 年 10 月正式开工,1983 年 9 月全线建成通车。2008 年全球金融危机以来,受法国"国家经济复苏计划"推动,高速铁路建设步伐加快。法国高速铁路网主要包括东南线、大西洋线、北方线、东南延伸线(或称罗纳河—阿尔卑斯线)、巴黎地区联络线、地中海线和东部线等 7 个组成部分,覆盖大半个法国国土。

(5)德国。1971 年 9 月 21 日,西德铁路开行最高时速为 200 千米的 IC 城间特快列车,这是德国真正向现代铁路高速运输发展的第一步。

1973年,德国开工建设汉诺威—维尔茨堡铁路,拉开了德国高速铁路建设的序幕,该线路于1991年正式开通运营。德国高速铁路上开行的ICE高速列车是德国铁路网上最快最舒适的旅行交通工具,时速可达320千米,每小时都有列车发车,通达德国全国各地,被称为德国铁路公司的旗舰高速列车。在德国乘坐铁路列车也很方便,没有很大的站台,隔几分钟就有一班,乘客来往十分方便,不必等候。

科普专项4 火车的发展历程

火车发展的四个阶段分别是蒸汽时代(图1-5)、内燃时代、电力时代、高速时代。

一、蒸汽车时期

图1-5 蒸汽时代

(资料来源:上海铁路局,2017年3月7日)

1804年,由英国的矿山技师特里维西克利用瓦特的蒸汽机造出了世界上第一台蒸汽机车。因为当时使用煤炭或木柴做燃料,所以人们都叫它"火车",于是一直沿用至今。这台机车(自重5吨)首次在南威尔士的麦瑟尔提德维尔到阿巴台之间的轨道上作运行试验,车速为每小时8千米,只能牵引十几吨重,比马车好不了多少。但它却开辟了世界铁路史上第一台蒸汽机车的光辉行程(图1-6)。

图1-6 世界上第一台蒸汽机车"新城堡号"

（资料来源：航铁集团，2020年12月10日）

1881年，中国工人采用矿场起重锅炉和竖井架的槽铁等旧材料，试制成功了一台0-3-0型的蒸汽机车。这是中国历史上制造的第一台机车。

据新中国成立初期统计，当时铁路上运行的机车都是外国货，五花八门，所以被人戏称为"万国机车博物馆"。新中国成立后，党和政府十分重视铁路装备的自主研发。1952年7月26日，青岛四方车工研制出新中国首台解放型蒸汽机车，机车空重92.07吨，车长22.6米，速度为80千米/时。该机车因为在8月1日前夕诞生，而被铁道部命名为"八一号"。解放型蒸汽机车成为新中国第一代货运蒸汽机车。

在蒸汽机车时代，我国铁路运输以蒸汽机车作为牵引动力。1956年以后，逐步发展出解放型、建设型、胜利型、人民型、FD型、前进型（图1-7）等6种主型蒸汽机车。

蒸汽机车的优点是结构比较简单，制造成本低，使用年限长，驾驶和维修技术较易掌握，对燃料的要求不高。但蒸汽机车的缺点：一是热效率太低，总效率一般只有5%～9%，使机车的功率和速度进一步提高受到了限制；二是煤水的消耗量大，沿线需要设置许多供煤和给水设施；三是在运输中产生的大量煤烟污染环境；四是机车乘务员的劳动条件差。随着铁路运量的增加和行车速度的提高，蒸汽机车已不适应现代运输的需求。

图1-7　新中国成立后我国大量生产使用的前进型蒸汽机车

（资料来源：航铁集团，2020年12月10日）

二、内燃时代

1866年，德国人奥托首先制成了一种燃烧煤气的新型发动机。与蒸汽机在汽缸外面的锅炉里燃烧燃料不同，这种发动机是在汽缸内点燃煤气，然后利用气体的压力推动活塞，从而使曲轴旋转。因此，给它起了个形象的名字，叫作"内燃机"。内燃机的出现为火车的进一步发展带来了生机（图1-8）。

图1-8　内燃时代

（资料来源：上海铁路局，2017年3月7日）

随着我国经济的蓬勃发展,仅发展蒸汽机车已不能满足运输的需求。1958 年,我国试制成功了"巨龙号"内燃机车,经过改进后,正式定型批量生产,定型为"东风型"(图 1-9)。1974 年,东风 4 型内燃机车正式出厂,标志着我国新一代内燃机车登场。内燃机车的发展形成北京、东方红和东风 3 个系列。

图 1-9 东风 1 型内燃机车

(资料来源:兴特电气,2000 年 6 月 5 日)

有的人可能认为内燃机车和汽车都是使用的内燃机,两者的结构原理应是相同的。其实,它们是不完全一样的。汽车是利用内燃机产生的动力直接推动车轮转动,而内燃机车则是先通过内燃机带动发电机产生电能,再用电能使电动机旋转,从而驱动机车前进。所以,通常也将内燃机车称为"电传动内燃机车"。

内燃机车与蒸汽机车相比,它的优点在于热效率高,一般为 20% ~ 30%。内燃机车加足一次燃料后,持续工作时间长,机车利用效率高,特别适用于在缺水或水质不良的地区运行,便于多机牵引,乘务员的劳动条件较好。但其缺点是机车构造复杂,制造、维修和运营费用都较大,对环境有较大的污染。

三、电力时代

电力机车又称电力火车，是指从供电网（接触网）或供电轨中获取电能，再通过电动机驱动车辆行驶的机车。电力机车运行所需的电能由电气化铁路的供电系统提供。电力机车主要由车体、车底架、走行部、车钩缓冲装置及制动装置和一整套电气设备等组成。除电气设备外，其余部分都同交—直流电力传动内燃机车相似（图1-10）。

图1-10　电力时代

（资料来源：上海铁路局，2017年3月7日）

1958年12月28日，我国第一台干线铁路电力机车试制成功，最初定名为6Y1型，后来发展为韶山系列电力机车（图1-11）。

图1-11　"韶山"系列电力机车

（资料来源：兴特电气，2018年7月21日）

1969 年,我国第一代电力机车韶山 1 型在株洲电力机车厂开始批量生产,持续功率 3 780 千瓦,最大速度 90 千米/时,是我国第一代轨道牵引的绿色动力机车。韶山 1 型机车不但性能稳定,而且运行时十分安静,已经成为电力机车中的一个黄金经典车型。现在为客货两用型机车,但货物运输占主要。韶山 1 型电力机车被车迷称为"芍药"。

1996 年 6 月,我国自行研制的第一台交流传动电力机车诞生,标志着我国电力机车有望从直流传动向交流传动跃进,为赶上世界先进水平打下了基础。CRH1 型电力动车组是铁道部(2013 年撤销)为进行中国铁路第六次大提速,于 2004 年起青岛四方-庞巴迪铁路运输设备有限公司订购的 CRH 系列高速电力动车组车款之一。自此,中国铁道部将所有引进国外技术、联合设计生产的中国铁路高速(CRH)车辆均命名为"和谐号"(图 1-12)。

图 1-12 和谐号电力机车

(资料来源:兴特电气,2018 年 7 月 21 日)

电力机车是第二次工业革命的产物,但直到第三次科技革命后才有了大规模的发展,是现代火车的主力军。电力机车拥有很多优点,综合性能比蒸汽机车和内燃机车强得多,不仅广泛用于干线铁路的运营,而且服务于几乎所有的城市轨道交通。

专题二 >> 中国铁路发展历程

科普专项 1 中国铁路的发展

150 年多前,铁路被清朝统治者视为破坏风水的"奇技淫巧",而如今,"国民经济命脉"之一的铁路展开了史无前例的跨越式发展。从 0.5 千米的"展示铁路"到"八纵八横"的铁路交通网构建完毕,从"龙号"机车到时速350 千米的高速列车,中国铁路发展史,见证了一个国家的百年巨变。

一、开创时期(1876—1893 年)

1876 年,中国大地上出现的吴淞铁路,是中国第一条营运性质铁路。5 年后,在清政府洋务派的主持下,于 1881 年开始修建第一条官办铁路——唐山至胥各庄铁路,从而揭开了中国自主修建铁路的序幕。

二、形成时期(1949—1980 年)

中华人民共和国成立后,1949 年共抢修恢复了 8 278 千米铁路。到1949 年底,全国铁路营业里程共达 21 810 千米,客货换算周转量 314.01 亿吨千米。中共十一届三中全会以后,中国出现了伟大的历史转折,国家工作的重点转移到社会主义现代化建设上来,并提出"调整、改革、整顿、提高"方针,铁路工作恢复发展,到 1980 年,铁路经过了五个五年计划的建设,铁路营业里程达 49 940 千米,全国铁路网骨架基本形成,客货换算周转量达7 087 亿吨千米,取得了辉煌的成绩。

三、发展时期(1902—2009 年)

1982 年,中共中央指出"铁路运输已成为制约国民经济发展的一个重要原因",提出"北战大秦,南攻衡广,中取华东"的战略。到 1985 年底,全国铁路营业里程达 52 119 千米,客货换算周转量突破 1 万亿吨千米。

2007 年,铁路第六次大提速,列车速度普遍有了很大的提高。主要繁忙干线实现客货分线,电气化率、复线率均在 50% 以上。2009 年 1 月 1 日,洛湛铁路永州至玉林段正式开通,标志着中国实现了"八纵八横"铁路网主骨架。

四、高速时期(2008 年至今)

高速铁路作为现代社会一种新的运输方式,具有极为明显的优势。截至 2022 年底,我国高铁营业里程为 4.2 万千米,是全世界高铁营业里程最长的国家。在运行速度上,最高时速可达 350 千米,堪称陆地飞行;在运输能力上,一个长编组的列车可以运送 1 000 多人,每隔 3 分钟就可以开出一个列车,运力强大;在列车开行上,采取"公交化"的模式,旅客可以随到随走;在节能环保上,高速铁路是绿色交通工具,非常适应节能减排的要求。高速铁路为更好服务经济社会发展,满足人民日益增大的美好生活提供着有力保障。

科普专项 2　中国第一条投入营业的铁路

一、吴淞铁路

1875 年,上海英商怡和洋行(Jardine Matheson)以"修路"为名,取得修建"吴淞路"的准许。同年 10 月,从英国聘请摩利臣(G. J. Morrison)为吴淞路公司工程师。1876 年 1 月起开始铺轨,到了 2 月 14 日首次试车,同年 4 月建造工程完工,7 月 1 日吴淞铁路正式通车。

吴淞铁路长约 9 英里(约 14.5 千米),采用 30 英寸(0.762 米)轨距,钢轨每米重 13 千克。路线上有桥梁 15 座,水沟 20 处。1876 年 10 月,清政府与英公使议定,以 28.5 万两白银购回铁路。1877 年 10 月 20 日,清政府付清所有款项,最后一班火车亦于当日下午开出。铁路移交予清政府后,路轨即被拆除,至 12 月 18 日,铁路路轨全部拆除。

二、唐胥铁路

中国第一条经清政府批准建设的铁路是唐胥铁路。1881 年 6 月 9 日,为了解决开滦煤炭的运输,唐山至胥各庄铁路开始动工兴建。由开平矿务局总工程师、英国人白内特的夫人在唐山钉下了第一枚道钉,这条长约10千米的运煤铁路,共耗银11万两,当年11月完工。轨距为1 435毫米,采用每米重15千克的钢轨,是中国第一条标准轨铁路。

唐胥铁路建成后,清政府以机车行驶震及皇帝陵园为由,只准许以骡马曳引车辆,所以被世人称为"马车铁路",直至1882年始改用机车牵引。

科普专项3　新中国成立后第一条铁路

成渝铁路是新中国成立后建成的第一条铁路。成渝铁路线西起成都,东抵重庆,全长504千米,作为中国西南地区第一条铁路干线,是连接川西、川东的经济、交通大动脉。这是中国自行设计施工,完全采用国产材料修建的第一条铁路,是中国铁路史上的一个创举。

清王朝和民国政府用了40年时间,只完成工程量的14%。1950年6月15日,在成都举行了成渝铁路开工典礼。邓小平同志莅临致辞,贺龙同志亲手将一面绣有"开路先锋"的锦旗授予筑路大军。1950年8月1日开始从重庆向西铺轨,1951年6月30日铺轨到永川,12月6日铺轨到内江,1952年1月26日铺轨到资中,6月13日,铺轨到达终点站成都。1953年7月30日,成渝铁路正式交付运营。

科普专项4　中国第一条电气化铁路

新中国第一条电气化铁路是宝成铁路。它北起陕西省宝鸡,南行达四川省成都,与成渝、成昆两线衔接,全长669千米,是沟通西北与西南的第一条铁路干线,也是突破"蜀道难"的第一条铁路(图1-13)。

宝成铁路于1952年7月1日在成都动工,1954年1月宝鸡端开工。1956年7月12日,南北两段在黄沙河接轨通车,1958年元旦全线交付运营。宝成铁路建成后,由于坡度大,隧道多,进行了电气化改造。第一期工程宝鸡至凤州段电气化于1961年完成,1975年全线完成,是中国第一条电气化铁路(图1-14)。

图1-13　宝成铁路全线通车典礼

（资料来源：新华社，2012年8月7日）

图1-14　1975年7月，宝成铁路全线电气化顺利通车

（资料来源：新华社，2009年7月14日）

　　宝成铁路是新中国第一条工程艰巨的铁路。为了克服地势高差，以3个马蹄形和1个螺旋形的迂回展线上升，线路重列3层，高达817米，随后以2 000多米长的隧道穿过秦岭垭口，进入嘉陵江流域。全线共完成主要工程量有：路基土石方7 116万立方米；隧道304座，总延长84.4千米；桥梁1 001座，总延长28.1千米；桥隧总长约占线路长度的17%，正线铺轨667.71千米。

科普专项5   中国第一条跨海铁路

中国第一条跨海铁路是粤海铁路。它自广东省湛江至海安镇,经琼州海峡跨海轮渡到海南省海口市,沿叉河西环铁路途经澄迈县、儋州市至叉河车站,与既有线叉河至三亚铁路接轨。2003年,中国第一艘火车轮渡"粤海铁1号"投入使用(图1-15),K407次列车也成为历史上第一列跨海旅客列车。粤海铁路是世纪之交中国建设史上的一项标志性工程,表明中国在建设跨海铁路上取得了关键技术的突破,填补了多项中国国内空白,标志着中国铁路建设进入了新的历史阶段。粤海铁路作为中国第一条跨海铁路,为中国跨海铁路的建设、运营、管理提供了经验。

图1-15   "粤海铁1号"

(资料来源:搜狐新闻,2021年6月23日)

"粤海铁1号"火车渡船由中国自行设计、自行建造,是艉端开敞式渡船,从下到上三层甲板分别用于装载火车、汽车和旅客,主甲板为火车甲板。最底层的火车甲板有4股长约145米的铁轨,可装载每节长14米、重80吨的货物列车40节,也可装载每节长26.5米的旅客列车18节。同时,第二层的汽车甲板还可装载汽车50辆。渡船后半部设置旅客舱室,可载旅客1 108人。在八级风的海况条件下,仍可航行,一年之内,保证350天左右可以航行(图1-16)。

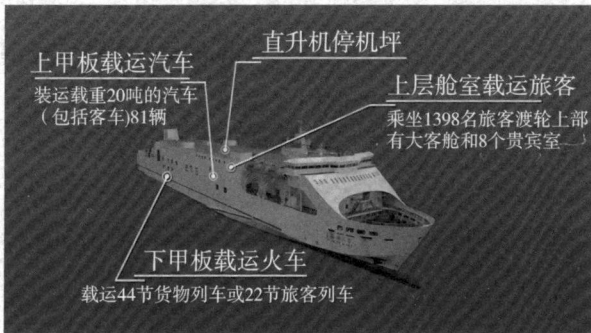

上甲板载运汽车
装运载重20吨的汽车
（包括客车）81辆

直升机停机坪

上层舱室载运旅客
乘坐1398名旅客渡轮上部
有大客舱和8个贵宾室

下甲板载运火车
载运44节货物列车或22节旅客列车

图1-16　"粤海铁1号"渡船

（资料来源：腾讯视频，2018年4月4日）

科普专项6　中国第一条高原铁路

中国第一条高原铁路是青藏铁路（Qinghai-Xizang Railway），简称青藏线。它是一条连接青海省西宁市至西藏自治区拉萨市的国铁Ⅰ级铁路，是中国新世纪四大工程之一，是通往西藏腹地的第　条铁路，也是世界上海拔最高、线路最长的高原铁路。

青藏高原交通闭塞，物流不畅，直至1949年，整个西藏仅有1000米多的便道可以行驶汽车，水上交通工具只有溜索桥、牛皮船和独木舟。美国现代火车旅行家保罗·索鲁在《游历中国》一书中写道："有昆仑山脉在，铁路就永远到不了拉萨。"20世纪50年代，中共中央做出决策：要把铁路修到拉萨。

青藏铁路起于青海省西宁市，途经格尔木市、昆仑山口、沱沱河沿，翻越唐古拉山口，进入西藏自治区安多、那曲、当雄、羊八井，终到西藏自治区拉萨市，全长1 956千米。铁路途经青海湖、昆仑山、可可西里、三江源、藏北草原、布达拉宫等景区。青藏铁路分为青藏铁路西格段和青藏铁路格拉段，其中西格段为双线电气化铁路，格拉段为单线非电气化铁路。

青藏铁路分两期建成：一期工程东起青海省西宁市，西至格尔木市，于1958年开工建设，1984年5月建成通车；二期工程东起青海省格尔木市，西至西藏自治区拉萨市，于2001年6月29日开工，2006年7月1日全线通车。

沿途线路全长1 956千米,其中西宁至格尔木段814千米,格尔木至拉萨段全长1 142千米;共设85个车站,设计的最高速度为160千米/时(西宁至格尔木段)、100千米/时(格尔木至拉萨段)。

青藏铁路由于面临生态脆弱、高寒缺氧、多年冻土和狂风扰乱工作等难题,在建设过程中创造出了多个国内外"第一"。风火山隧道是目前世界上海拔最高、横跨冻土区最长的高原永久冻土隧道。地质结构主要为含土冰层,饱冰冻土、原始冰川、裂隙冰、砂岩、泥岩及泥沙互层。风火山隧道被列为青藏铁路全线重点工程之首,誉为"天字第一号工程"(图1–17)。

图1–17 风火山隧道

(资料来源:百度百科,2017年8月7日)

科普专项7 蜀道不再难——成昆铁路

"蜀道之难,难于上青天!"如今的蜀道早已不是古时的"蜀道",今非昔比,蜿蜒于祖国西南之地的成昆铁路全长1 096千米,线路为跨越地形障碍,累计修建桥梁991座,穿隧道427条,堪称"奇迹之路"。

成昆铁路北起四川盆地川西平原成都,跨过岷江、青衣江,经峨眉,沿大渡河,横贯大小凉山,向南又十跨牛日河、抵达西昌、八跨安宁河、穿过金沙江,在龙川江峡谷蜿蜒迂回30余次,穿过横断山脉,南至云南昆明。作为中国西南地区的交通要道,曾被联合国组织评为"象征 20 世纪人类征服自然的三大奇迹"之一,开创了 13 项世界铁路之最,18 项中国铁路之最。

成昆铁路工程的艰巨浩大,举世罕见。全线共完成正线铺轨 1 083.3 千米,路基土石方 9 688 万立方米;隧道 427 座,总延长 344.7 千米,其中长度在 3 千米以上的共有 9 座;桥梁 991 座,总延长 106.1 千米,其中有中国目前钢桁桥梁中跨度最大的金沙江大桥(主跨达 192 米),有孔跨 54 米的一线天石拱桥。全线桥隧总延长占线路长度的 41.6%。有些地段找不到位置设置车站,不得不将站线建在桥梁上或隧道内,在全线 122 个车站中,这类车站就有 41 座。这个艰巨宏伟的工程,1985 年荣获国家颁发的"科学技术进步奖特等奖"。

科普专项 8　纵贯大陆第三路——京九铁路

京九铁路作为南北主要铁路大通道,处于京沪、京广两大铁路干线之间,是贯穿我国南北的第三大通道,在全国铁路网中处于十分重要的地位。

京九线始于北京枢纽南端的黄村车站(2019 年更名为北京大兴站),向南经河北省的霸州、衡水,山东省的聊城、菏泽,河南省的商丘、潢川,湖北省的麻城,江西省的九江、南昌、向塘、吉安、赣州,广东省的和平、惠州,与广九铁路布吉站相接,直达九龙,全长约 2 360 千米。京九线路呈南北走向,是国家"八五"计划的第一号工程,也是中国当时仅次于长江三峡水电站的第二大工程,还是当时中国铁路史上投资最多、一次性建成里程的最长铁路干线。

1983 年,国务院第一次公布"京九铁路"名称,线路采用兴建新线与合并旧线的方式修筑,分期分段建设运营。1993 年,京九铁路全线动工建设,于 1996 年 9 月 1 日全线开通运营。2003 年 1 月 10 日完成全段复线铺设。2008 年 8 月 6 日启动全线电气化改造工程,于 2013 年 2 月 6 日完成全线电气化改造。截至 2018 年 9 月,京九铁路正线全长 2 315 千米,设计速度 120 千米/时,局部路段提速至 160 千米/时,列车最高运营速度 160 千米/时。

科普专项9　货运最繁忙的铁路——大秦铁路

大秦铁路(Datong–Qinhuangdao Railway),简称大秦线,是中国华北地区一条连接山西省大同市与河北省秦皇岛市的国铁Ⅰ级货运专线铁路,也是中国境内首条双线电气化重载铁路、首条煤运通道干线铁路。

大秦铁路是世界上最繁忙的货运线路之一,也是运煤量最大的铁路线路,西起大同、东至秦皇岛,途经山西、河北、北京和天津四省市,穿越雁北高原、桑干河谷,紧依燕山山脉南麓呈东西走向,全长653千米,1992年建成通车。目前大秦铁路单列最大运载量3万吨,承担着全国铁路煤炭总运量的近1/5。长达4千米,有300列100吨的C80货车。

科普专项10　高速铁路和普速铁路的差异

根据国际铁路联盟(international union of railways,UIC是法文全称缩写)的定义,高速铁路是指通过改造原有线路(直线化、轨距标准化),使营运速率达到每小时200千米及以上,或者专门修建新的"高速新线",使营运速率达到每小时250千米及以上的铁路系统。中国2014年1月1日起实施的《铁路安全管理条例》规定,高速铁路是指设计开行速度250千米/时以上(含预留),并且初期速度不小于200千米/时的客运列车专线铁路。普速铁路,简称"普铁",全称普通速度铁路,是指设计速度低,只能让火车以普通速度行驶的铁路。铁路建设初期没有普速铁路的说法,直到高铁时代才有普速铁路的概念。

高速铁路与普通铁路最大的区别在于:高速铁路对轨道的平顺性要求高,对轨道结构的承载能力和稳固性要求高,对于路基、桥梁、隧道等要满足高速行车的主要技术参数有严格规定,从而达到很高的可靠性。其他不同有以下几个方面:

一、轨道

1.无砟道床

国内轨道的道床通常分为普通有砟道床、沥青道床和无砟道床

（图 1-18）。中国高速铁路普遍是客运专线，多采用无砟轨道结构，以适应高速列车比较快的速度。普通铁路因为其运载车辆种类多、差异大，常常运行负载比较大的车辆，车辆运行密度也比高速铁路更大，因此通常采用普通有砟道床，不仅便于维修，而且成本比较低。无砟道床无论是营造成本还是检修成本，均高于采用普通有砟道床的有砟铁路线。

图 1-18 无砟道床

（资料来源：搜狐网，2019 年 3 月 5 日）

2. 无缝线路

沪昆高速铁路设计时速是 350 千米，南昌至杭州段长 582 千米的线路上看不到一个接头，两条完整的钢轨一路延伸到底，动车组行驶在平顺的轨道上不再有扰人的"哐当"声。高速列车开行时速普遍达到 250~300 千米，必须保证线路的稳定和高度平顺、平直，因此，中国高速铁路铺设的都是无缝线路（图 1-19）。

图 1-19　高速铁路的无缝线路

（资料来源:百度百科,2015 年 9 月 6 日）

二、线路架设

　　普通铁路因为要穿行于乡镇之间,通常铺设在路基之上,修建成本较低,而且便于与车站、桥梁、隧道、轮渡等相连接。而高速铁路运行速度高且多为客运专线,宜桥则桥,宜路则路,常架设于高架桥之上,遇到水系、山脉、交叉交通时更多采用直接修架桥梁、开凿隧道的方式铺设。在很多大城市,为了进一步降低造价、优化调度,高速列车都在新建高速铁路客站停靠,而不在城区的老火车站停靠。

　　例如,京沪高速铁路正线全长约 1 318 千米,桥梁长度约 1 059.7 千米,占正线长度的 80.4%;隧道长度约 15.8 千米,占正线长度的 1.2%;路基长度242.5 千米,占正线长度的 18.4%;全线铺设无砟道床正线约 1 268 千米,占线路长度的 96.2%;全线铺设有砟道床正线约 50 千米,占线路长度的 3.8%。

三、行车速度

　　(1)高速铁路的信号控制系统比普速铁路高级,因为发车密度大,车速快。

（2）普速列车行车速度慢，长途旅客运输效率低。

四、成本

（1）高速铁路的造价成本和技术要求高、施建标准严格苛刻、管理维护复杂困难。

（2）普速铁路建设和维护成本低，投资不大，资金风险可控。

第二章
普速铁路时代

专题三 >> 普速铁路时代的列车

科普专项1 普速铁路列车

火车车厢颜色有哪些？不同颜色的火车之间有什么区别？火车车厢外壳不同，其种类也不同。铁路客运火车按颜色分为绿色的普通列车、红色的快速列车、蓝色的特快列车，以及白色的高级铁路快速列车、动车组列车。

"绿皮车"是橄榄绿外表，搭配黄条色带的车底的俗称，客车车身通常为绿色底色和黄色色带的涂装。绿皮车是 20 世纪 50 年代至 80 年代的中国旅客列车的最具代表性的形象，典型的有 21 型客车、22 型客车、22B 型客车、23 型客车、25B 型客车等系列的旅客列车车厢。绿皮车的速度慢，但票价便宜。墨绿色的车身和座椅，白色的标牌，车厢顶部挂着一排电扇，慢悠悠地行驶，小站也会停靠一会儿，有时还需为其他车让路而半路停车。自 20 世纪 90 年代以来，随着中国客车空调化和中国铁路大提速，铁路部门不断加大绿皮车的淘汰和改造力度。

从 2014 年年底开始，全国各铁路局所辖的客车(除动车组、货运/行包列车、国际联运列车外)车体颜色重新刷上绿色，橄榄绿色涂装回归大众视野。与老"绿皮车"不同，此次粉刷改造的新绿皮车比之前隐蔽，大多是空调硬座、硬卧和软卧车体(有部分为非空调车体)，这些车体不但在乘坐舒适度上有所改善，而且电力供应和环境速度上也比之前有较大改变。

在 21 世纪初的中国铁路客车中,"红皮车"为空调客车即快速列车(K客车),外表涂装主色调为橘红色和白色相间,装备比大多数"绿皮车"更好,经常用于快速列车、普快列车等旅客列车编组。中国普速列车中最常见的就是红皮车,是替代"绿皮车"担当中国铁路旅客列车的主力车型之一。

"蓝皮车"是对中国特快列车使用的 25K 型客车的俗称。客车外表涂装主色调为蓝色与白色相间,故名"蓝皮车"。蓝皮车是空调客车,较舒适,为一种快速列车车体,具有速度快、运行平稳的特点。它在中国铁路普遍用作特快列车、直快列车和少数快速列车的旅客列车编组。

"白皮车"即外表涂装整体为白色,车窗部位为藏蓝色加红条裙边的客运列车。中国铁路客车使用这种标准涂装的典型的有 25T 型客车。它是中国铁路第五次大提速时开始开行的特快列车,当时是较高级的旅客列车,常用于直达特快列车以及部分特快列车的旅客列车编组。少量的 RW19T 客车也是这种主色调为白色的涂装。2014 年后已全部刷绿。

2007 年 4 月 18 日,中国铁路第六次大提速,共有 500 列 CRH 动车组上线运行。CRH 为英文缩写,全名 China Railways High-speed,译为"中国铁路高速",是中国铁道部对中国高速铁路系统建立的品牌名称。中国的动车技术时速上升很快,用了不到 4 年就从时速 160 千米起步,到 2008 年实现时速 300 千米的大飞跃(图 2-1)。

图 2-1 CRH 动车组

(资料来源:新华网,2012 年 7 月 7 日)

2007 年 12 月 22 日,中国首列国产化时速 300 千米的"和谐号"动车组列车(CRH2-300)在南车四方机车车辆有限公司竣工下线,中国也由此成为继日本、法国、德国之后,世界上第四个能够自主研制时速 300 千米动车组的国家。时速 300 千米"和谐号"动车组,是在引进消化吸收国外时速 200 千米动车组技术平台的基础上,由中国自主研发制造的。其国产化率超过 70%(图 2-2)。

图 2-2 "和谐号"动车组

(资料来源:新华网,2012 年 7 月 7 日)

"复兴号"动车组列车是中国标准动车组的中文命名,由中国铁路总公司牵头组织研制,具有完全自主知识产权、达到世界先进水平的动车组列车。

2017 年 6 月 25 日,中国标准动车组被正式命名为"复兴号",2017 年 6 月 26 日 11 时 05 分,具有完全知识产权的两列中国标准动车组"复兴号",在京沪高铁两端的北京南站和上海虹桥站双向发车成功。2017 年 9 月起,复兴号提速至 350 千米/时。

2017 年 8 月 21 日起,"复兴号"动车组列车扩大开行范围,京津冀地区首次安排开行 22.5 对"复兴号"动车组列车,通达北京南、天津、北京西、石家庄等 10 个车站。2017 年 9 月 21 日,"复兴号"动车组在京沪高铁率先实现 350 千米时速运营,我国成为世界上高铁商业运营速度最快的国家。

科普专项2　火车的用途种类

铁路车辆的种类很多,基本可分为客车、货车与特殊用途车三大类。

一、客车

(1)供旅客乘坐的车辆:按席位类别分,硬座车、软座车、硬卧车,按层数分,单层车、双层车。

(2)为旅客服务的车辆:餐车、行李车等。

二、货车

(一)通用货车

通用货车指装运多种货物的车辆,如敞车、棚车、平车等。

(1)敞车:字母代号 C。主要供运送煤炭、矿石、矿建物资、木材、钢材等大宗货物,也可用来运送重量不大的机械设备。

(2)棚车:字母代号 P。用于运送怕日晒、雨淋、雪浸的货物,包括各种粮谷、日用工业品及贵重仪器设备等。一部分棚车还可以运送人员和马匹(图2-3)。

(3)平车:宜于运载大型货物等。

图2-3　棚车

(资料来源:百度百科,2020 年 12 月 6 日)

（二）专用货车

专用货车指专供装运某些种类货物的车辆。如冷藏、罐车、水泥车、集装箱车、矿石车、粮食车、家畜车、毒品车、长大货车（长大平车、落下孔车、凹行车、钳夹车）等。

三、特殊用途车

特殊用途车是按特殊用途设计制造的车辆，如试验车、发电车、轨道检查车、检衡车、邮政车、空调发电车、公务车、医疗车、文教车等。

科普专项3　铁路车辆的构造

铁路车辆种类繁多，每种类型的车辆都有区别，但从结构原理分析，其基本构造是相似的。一辆车一般由车体及车底架、转向架、车钩缓冲装置、制动装置和车辆内部设备5个基本部分组成。

一、车体及车底架

车体是容纳旅客或货物的部分，固装在车底架上。车底架是车体的基础，由各种纵向梁和横向梁组成。车体与车底架构成一个整体，支撑在转向架上。

二、转向架

由两个或两个以上的轮对组成，并安装弹簧及其他部件，组成一个独立结构的小车，称为转向架。转向架设在车底架下部，是车辆的走行部分，它承受车辆的重量并在钢轨上行使。

三、车钩缓冲装置

车钩缓冲装置由车钩及缓冲装置等部件组成，安装在车底架两端的中梁上。将机车车辆连挂在一起，成为一组列车，并传递牵引力，缓和各车辆之间的冲击。

四、制动装置

制动装置的功用是保证高速运行的列车能减速,并在规定的距离内停车。

五、车辆内部设备

车辆内部设备主要指客车上为旅客旅行所提供的设备。

专题四 >> 普速铁路时代的铁路

科普专项1 火车铁路轨道的构成

轨道由钢轨、轨枕、联结零件、道床、防爬设备和道岔等构成。铁路轨道简称路轨、铁轨、轨道等,主要用于铁路上,并与转辙器合作,使火车无须转向便能行走。铁路轨道通常由两条平行的钢轨组成,钢轨固定放在轨枕上,轨枕之下为路碴。由轨撑、扣件、压轨器、道夹板、弹条、铁路道钉等铁路配件紧固(图2-4)。

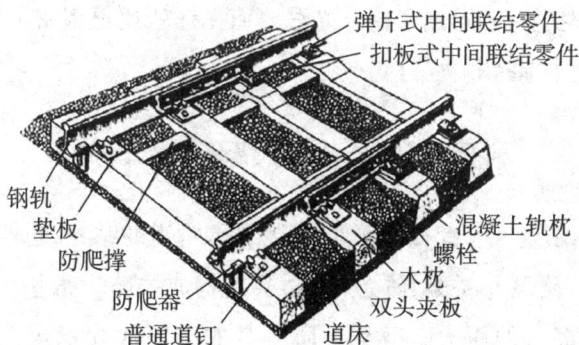

图2-4 火车轨道构成

(资料来源:百度百科,2021年8月7日)

铁路轨道作为整体性工程结构,铺设于路基、桥梁或隧道仰拱之上,起着列车运行导向的作用,承受机车车辆荷载的巨大压力。轨道具有足够的强度和稳定性,保证列车按照规定的速度,安全、平稳和不间断地运行(图 2-5)。

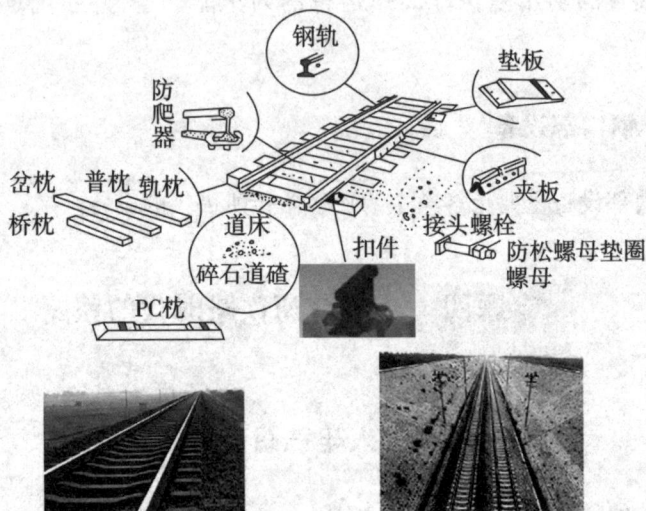

图 2-5　铁路轨道构造图

(资料来源:豆丁网,2021 年 8 月 7 日)

　　铁路轨道分为无砟轨道和有砟轨道两种类型。传统的普速铁路是有砟轨道,而高速铁路大都采用无砟轨道。有砟轨道不适合列车超过 300 千米时速行驶,容易发生道砟粉化和道砟飞溅。而无砟轨道更精密平顺,使列车能够在高速行驶中保持非常平稳。

科普专项 2　铁路路基排水设施

　　路基是由填筑或开挖而形成的直接支承轨道的结构,也叫线路下部结构(图 2-6)。路基与桥梁、隧道相连,共同构成线路。路基必须坚实而稳固,才能承受沉重的压力。但是土质路基的坚固性和稳定性往往不易保持,它受许多因素的影响,水的侵害往往是一个重要的原因。因此,铁路路基排水功能为必备功能之一。

　　路基排水分为地面排水与地下排水两类。常见的路基地面排水方式为:排水沟、侧沟、截水沟(天沟)、急流槽(图 2-7)。常见的路基地下排水设施为:暗沟、渗沟、渗井。

图2-6 路基

(资料来源:百度百科,2016年3月6日)

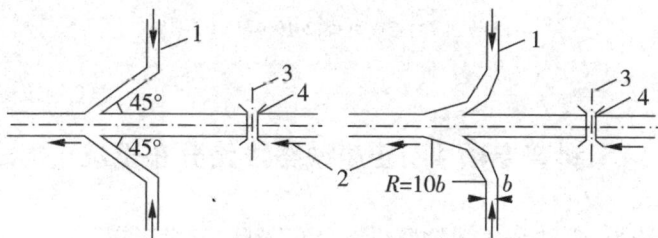

排水沟与水道衔接示意图
1—排水沟;2—其他渠道;3—路基中心线;4—桥涵

图2-7 排水沟与水道衔接示意图

(资料来源:百度百科,2018年4月7日)

科普专项3 铁路路基防护方式

铁路路基的日常防护设备分为坡面防护设备、冲刷防护设备,支撑加固设备,防沙,防雪设施等(图2-8)。

(1)坡面防护设备:用来防护易受自然作用破坏而出现坡面变形的土质边坡,如铺草皮、喷浆、抹面、护墙、护坡,以及为防护崩塌落石而修建的拦截和遮挡建筑物,如明洞、棚洞。

(2)冲刷防护设备:用来防护水流或波浪对路基的冲刷和淘刷,如铺草皮、抛石、石笼、圬工护坡、挡土墙、顺坝、挑水坝等。

(3)支撑加固设备:用来支撑加固路基本体,以保证其稳固性,如挡土墙、支挡墙、支柱等。

(4)防沙、防雪设施:用来防止风沙、风雪流掩埋路基,如各种栅栏、防护林等。

种草　　　　　　　护坡　　　　　　　挡土墙

图2-8　路基防护措施

(资料来源:百度百科,2019年1月2日)

科普专项4　普速铁路线路分布情况

截至2020年,中国主要铁路干线分布图是"五纵三横"。

(1)南北向的铁路线主要包括:①京哈线—京广线,②京九线,③京沪线,④焦柳线,⑤宝成—成昆线。

(2)东西向的铁路线主要包括:①京秦—京包—包兰线,②陇海—兰新线,③沪杭—浙赣—湘黔—贵昆线。

中国铁路干线的基本组成路段分别是:京哈铁路、京通铁路、京包铁路、京沪铁路、京九铁路、京广铁路、焦柳铁路、包兰铁路、兰新铁路、青藏铁路、陇海铁路、成昆铁路、宝成铁路、沪昆铁路、沿江铁路和沿海铁路。

专题五　>> 　隧道和桥梁

科普专项 1　隧道发展

从 1874 年我国开始修建第一条上海至吴淞的窄轨铁路起,至 1911 年清王朝被推翻为止,我国共建成了 9 100 千米的铁路。在这段时期内所修建的 10 条总长 4 600 千米的铁路干线上,共修建了总长 42 千米的 230 余座隧道。

我国在 1898—1904 年修建了长度为 3 078 米的兴安岭隧道(图 2-9),这是当时亚洲最长的宽轨铁路隧道。这一时期最具代表性的隧道工程是由我国杰出工程师詹天佑亲自规划和督造的京张铁路八达岭隧道,全长 1 091 米,工期仅用了 18 个月,于 1908 年建成。这也是我国自行修建的第一座单线越岭铁路隧道。

图 2-9　兴安岭隧道

(资料来源:百度百科,2018 年 11 月 30 日)

新八达岭隧道于 2016 年 4 月开工建设,2018 年 12 月 13 日结构贯通,新八达岭隧道是中国铁路建设中一项重要工程,是世界上埋深最深、规模最大的高速铁路隧道之一,也是中国高铁技术的又一标志性成就(图 2-10)。

图 2-10　新八达岭隧道

（资料来源：前瞻网，2021 年 7 月 28 日）

　　近年来，我国铁路隧道技术取得突飞猛进的发展，成为世界上铁路隧道数量最多的国家，也是每年修建隧道最多的国家，平均每年约建隧道 120 座。新中国成立至今，我国的隧道建设经历了起步、稳定发展、技术突破与创新、高速发展四个时期，取得了辉煌成就。

　　2021 年 6 月 28 日，国内的湛江湾海底隧道工程"永兴号"盾构机正式始发，标志着隧道盾构主体开启穿海模式。这条全长近 10 000 米的海底隧道是我国当时独头掘进距离最长的大直径高铁盾构隧道，标志着我国铁路隧道建设的实力不断增强。截至 2020 年，中国铁路隧道共 16 798 座，总长共计 19 630 千米（表 2-1）。

表 2-1　1949—2020 年中国铁路隧道发展情况

年份	隧道数量	年复合增长（%）	隧道总长（千米）	总长年复合增长（%）
1949	429	/	112	/
1979	4 386	8.06%	2 009	10.10%
1999	6 877	2.27%	3 667	3.05%
2005	9 538	1.54%	4 314	2.75%
2010	9 800	5.39%	7 000	10.16%

续表2-1

年份	隧道数量	年复合增长（%）	隧道总长（千米）	总长年复合增长（%）
2015	13 411	6.47%	13 038	13.25%
2020	16 798	4.61%	19 630	8.53%

随着我国铁路隧道的不断建设发展,较考验技术的20千米以上特长铁路隧道也逐渐增多;截至2020年,中国已投入运营的20千米以上特长铁路隧道共11座,规划的共37座,在建的共10座。

科普专项2　隧道构造与类型

铁路隧道结构由主体建筑物和附属建筑物两大部分构成。

主体建筑是为了保持隧道的稳定,保证隧道正常使用而修建的,主要由洞身衬砌和洞门组成,也包括必要时在洞口上加筑的明洞。附属建筑物是为了保证隧道正常使用,方便养护,维修作业,以及满足供电、通信等各方面需要的各种辅助设施,如隧道防排水设施、避车洞、电缆槽,运营通风设施、下锚段衬砌及洞口缓冲结构等(图2-11)。

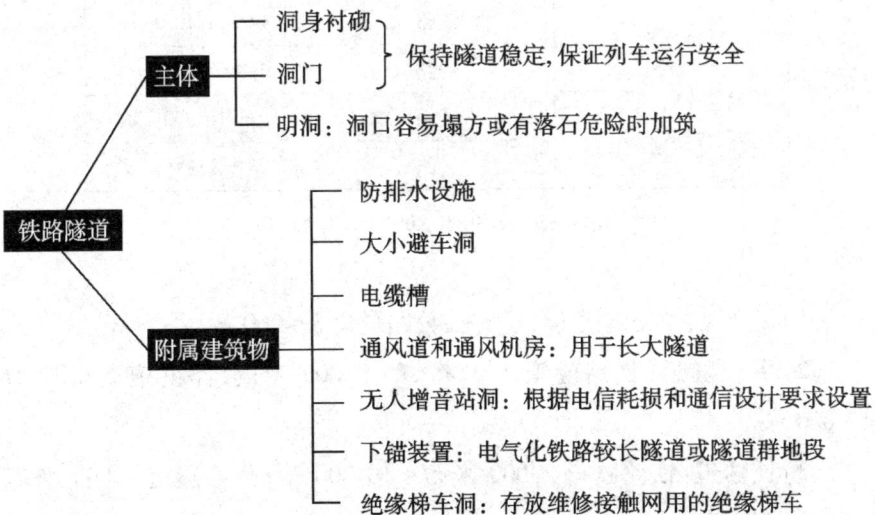

图2-11　铁路隧道构造

隧道的类型总共可分为六大类型：

1. 按照用途分类

可分为交通隧道、水工隧道、市政隧道、矿山隧道。

(1)交通隧道分为铁路隧道、公路隧道、水底隧道、地下铁道、航运隧道、人行隧道。

(2)水工隧道分为引水隧道、排水隧道、导流隧道、排沙隧道。

(3)市政隧道分为给水隧道、污水隧道、管路隧道、线路隧道、人防隧道。

(4)矿山隧道分为运输巷道、给水隧道、通风隧道。

2. 按照长度分类

可分为短隧道、中长隧道、长隧道、特长隧道(表2-2)。

表2-2　隧道长度分类

长度	类别	规格/米
短隧道	铁路	≤500
	公路	≤500
中长隧道	铁路	500~3 000
	公路	500~1 000
长隧道	铁路	3 000~10 000
	公路	1 000~3 000
特长隧道	铁路	>10 000
	公路	>3 000

(资料来源:自编图片,2022年6月20日)

(1)短隧道:铁路隧道 $L \leqslant 500$ 米;公路隧道 $L \leqslant 500$ 米。

(2)中长隧道:铁路隧道 500 米$< L < 3\,000$ 米;公路隧道 500 米$< L < 1\,000$ 米。

(3)长隧道:铁路隧道 $3\,000$ 米$< L < 10\,000$ 米;公路隧道 $1\,000$ 米$< L < 3\,000$ 米。

(4)特长隧道:铁路隧道 $L > 10\,000$ 米;公路隧道 $L > 3\,000$ 米。

3.按照地层分类

可分为软岩石隧道、硬岩石隧道、土质隧道。

4.按照位置分类

可分为山岭隧道、城市隧道、水底隧道。

5.按照埋置深度分类

可分为浅埋隧道、深埋隧道。

6.按隧道内铁路线数分类

可分为单线隧道、双线隧道、多线隧道。

科普专项3　高速铁路隧道明星谱

一、"最长高速铁路山岭隧道之一"——太行山隧道

太行山隧道位于石太客运专线井陉北车站和阳泉北车站之间,是该线的重点控制工程,隧道通过太行山山脉的主峰越霄山,最大埋深为445米,设计为双洞单线隧道,两线线间距为35米(图2-12)。隧道下行线全长27 839米,右线全长27 848米;设计速度目标值为250千米/时。

图2-12　太行山隧道出口缓冲结构效果图

(资料来源:中国铁路网,2021年9月3日)

太行山隧道地质结构复杂,极易发生坍塌和大变形。在建设过程中,采用钻爆法施工,全隧设进口 1 个、斜井 9 个、出口 1 个,共 11 处施工通道,24 个工作面同时展开施工,建设时间约 2.5 年。太行山隧道施工中的多项技术和组织模式为国内外相关地质条件的隧道挖掘提供了宝贵的参考依据,为我国特长大隧道建设积累了宝贵经验。

二、"运营速度最快的水下铁路隧道"——狮子洋隧道

狮子洋隧道建于广深港高速铁路客运专线广州至深圳段,位于广东省中南部,是内地连接香港的快速通路。

狮子洋隧道是我国也是目前世界上通行速度最快的水下铁路隧道。在建设中,隧道水压高、地层渗透性大,设计采用洋底"地中对接、洞内解体"的盾构施工方法亦为国内首创(图 2-13)。

图 2-13　施工中的狮子洋隧道

(资料来源:百度百科,2018 年 3 月 5 日)

狮子洋隧道三次穿江越洋,在国内成功实现从"过江"到"跨海",它有两

大技术亮点：

（1）国内里程最长。狮子洋隧道是广深港专线中的一段，全长10.8千米，其中海底部分3.3千米，最深处位于海面以下60米。隧道穿越小虎沥、沙仔沥和狮子洋三条水道。

（2）运营速度最快。狮子洋隧道设计时速250千米，可以比肩英法海峡隧道、东京湾海底隧道、丹麦瑞典海底隧道等世界级海底隧道。尤其是在时速上，狮子洋隧道具有明显的优势。

狮子洋隧道的建成，树立起我国铁路水下隧道建设新的里程碑。数百年来遇水架桥的思维正在被打破，从大江大河乃至海底下穿越已成为建筑业新的发展领域。这也为类似的更长、更高水压的大海底隧道建设奠定了坚实的技术和管理基础。

三、"黄土地区最长的高速铁路隧道"——张茅隧道

张茅隧道全长8 483米，是郑西客运专线全线最长的隧道，也是目前世界首座在湿陷性黄土上建设的设计时速350千米、最大开挖面积164平方米的特长富水铁路隧道。

由于隧道部分地段位于地下水位以下，开挖和运营均在饱和黄土内，对隧道处理土体稳定要求极高，对无砟轨道工后沉降控制极为严格。针对如何防止施工中隧道基础受水浸泡而影响基底承载力和隧道长期在饱和黄土环境中运营、列车震动对基底黄土的影响是否会形成造泥现象等难题，设计人员进行了多种设计方案的比选，为解决难题创造了条件。张茅隧道在大断面黄土隧道设计技术上取得了重大突破，为在黄土地区设计高速铁路奠定了坚实基础。

四、"跨度最大的多线城市隧道"——石家庄六线隧道

石家庄六线隧道又称石家庄铁路入地工程，是京石客运专线的工程之一。隧道位于中国河北省石家庄市二环路以内，原有京广线东侧，呈南北走向，全长6 060千米。北端为四线隧道，包括京广线双线和京广高铁双线；起点以南700米处石济客运专线双线并入，以南至终点为六线（局部七线）隧

道,南端隧道出口连接新建的石家庄客站(图2-14)。

图2-14　石家庄六线隧道上方地下空间利用工程效果图

(资料来源:搜狐网,2019年3月9日)

　　隧道主要采用明挖法施工,下穿石太直通线采用暗挖施工,下穿裕华路和中山路采用盖挖法施工。隧道于2009年4月开工,2012年12月随京广高铁北京至郑州段启用。2014年12月21日,京广既有线也改入地下运行。

科普专项4　桥梁的组成

　　铁路桥梁是铁路跨越河流、湖泊、海峡、山谷或其他障碍物,以及为实现铁路线路与铁路线路或道路的立体交叉而修建的构筑物,由桥面、主梁(桥跨结构)和支座(墩台及基础)三部分组成。

　　(1)桥面是指供车辆和行人直接走行的部分。铁路桥面有钢轨和轨枕支承于纵、横梁系统的明桥面,道砟槽板、道砟、轨枕、钢轨组成的道砟桥面,钢轨直接联结于桥面板或主梁上的无砟无枕桥面。

　　(2)主梁是桥梁的主要承重结构,是桥梁上部结构的主体。铁路桥梁的主梁一般为两片,小跨度的主梁间距不大,桥面可直接铺在主梁上,也有采用多片主梁的。

　　(3)支座是桥梁上部结构的支承部分。其作用是将上部结构的支承反力(包括竖向力和水平力)传递给桥梁墩台,并保证上部结构在荷载的作用和温度变化的影响下,具有设计要求的静力条件。支座有活动支座和固定支座两种,可用钢、橡胶或具有一定强度等级的钢筋混凝土制作。橡胶支座是一种新型支座,其具有质量轻、高度低、构造简单、加工制造容易、用钢量少、成本低廉及安装方便等优点。

科普专项5　铁路桥梁分类

铁路桥梁的种类有很多,形式也多样,一般可按照桥梁的建造材料、桥梁长度、桥梁外形及桥梁跨越的障碍等进行分类。

1. 按建造材料分类

(1)钢桥。钢桥的质量轻、强度大、安装较方便,适合于建造跨度较大的桥梁。

(2)钢筋混凝土桥。钢筋混凝土桥具有造价低、节省钢材、坚固耐用、养护工作量和噪声小等优点,因而得到广泛运用。在跨度为20米以下的桥梁中,各国均大量采用钢筋混凝土结构。

(3)石桥。石桥具有造价低,经久耐用,养护费用低,可就地取材,可节省大量钢材和水泥等优点,但是它的适用范围比钢筋混凝土桥要小得多。

2. 按桥梁长度分类

铁路桥梁可分为小桥(长度$L<20$米)、中桥(20米$\leqslant L<100$米)、大桥(100米$\leqslant L<500$米)和特大桥($L\geqslant500$米)等。

3. 按桥梁外形分类

铁路桥梁可分为梁式桥、拱桥和悬索桥等形式(图2-15)。

| 梁式桥 | 拱桥 | 悬索桥 |

图2-15　梁桥、拱桥和悬索桥

(资料来源:百度百科,2012年12月7日)

4. 按桥梁跨越的障碍分类

(1)跨河桥。跨河桥是指跨越江河、湖泊的桥梁(图 2-16)。

图 2-16　跨河桥

(资料来源:百度百科,2012 年 12 月 7 日)

(2)跨线桥。跨线桥又称立交桥,是指铁路、公路相互交叉时所建的桥梁(图 2-17)。

图 2-17　跨线桥

(资料来源:百度百科,2012 年 12 月 7 日)

(3)高架桥。高架桥又称栈桥或旱桥,是指跨越宽谷、深沟的桥梁(图 2-18)。

图 2-18　高架桥

（资料来源：百度百科，2012 年 12 月 7 日）

科普专项 6　高速铁路桥梁明星谱

一、"世界上最大的公铁两用桥"——武汉天兴洲长江大桥

武汉天兴洲长江大桥位于湖北省武汉市，大桥西北起汉口平安铺，东南止于武昌武青主干道，是一座公路铁路两用桥，主桥长 4 657 米，主跨 504 米，公路引线全长 8 043 米，铁路引线全长 60.3 千米，全桥共 91 个桥墩，总投资约 110 亿余元。大桥路面铺设 4 条铁路线，即京广高速铁路和沪、汉、蓉客运专线，是中国首座四线公路铁路两用斜拉桥（图 2-19）。

图 2-19　武汉天兴洲长江大桥

（资料来源：搜狐网，2019 年 2 月 2 日）

大桥于 2004 年 9 月 28 日正式动工,它集众多桥梁新技术、新结构、新工艺、新设备于一体,是继武汉、南京、九江和芜湖长江大桥后,中国公铁两用桥梁建设的第五座里程碑,代表当今国内外桥梁技术最高水平的标志性桥梁工程,是中国铁路建设史上的一次新的跨越。

天兴洲长江大桥在当今世界同类型大桥中拥有"跨度、荷载、速度、宽度"4 项第一:主跨 504 米,比世界第二的丹麦厄勒海峡大桥长 14 米;可同时承载 2 万吨的荷载,按天兴洲大桥 4 条铁路线加 6 车道公路推算,荷载能力至少是长江二桥的 6 倍;铁路桥按高速铁路设计,时速可达 250 千米;主桁宽 30 米,可同时并行 4 线火车。

天兴洲长江大桥能抗强震、11 级大风和 300 年一遇洪水,主通航孔桥墩能防止 5 000 吨海轮撞击,牢固又可靠。

二、"跨度最大的公铁两用桥"——铜陵长江公铁大桥

铜陵长江公铁大桥位于安徽省铜陵市铜官山河段荻港水道中部,是京福高铁安徽段项目的一个控制性工程,同时还是合肥—庐江—铜陵铁路和铜陵至巢湖高速公路的过江通道(图 2-20)。

图 2-20　铜陵长江公铁大桥

(资料来源:百度百科,2019 年 2 月 8 日)

正桥全长 16.719 千米,由北引桥、跨江主桥和南引桥组成。其中,引桥

采用24米和32米铁路标准简支梁+现浇连续梁（跨大堤及河流）等结构形式；主桥为公铁两用大桥，全长1 290米，为两塔五跨钢桁梁斜拉桥，跨径布置为（90+240+630+240+90）米，主跨630米，单孔双向通航。大桥下层为设计时速250千米合福铁路双线和160千米合庐铜铁路双线共四线铁路，上层为设计时速100千米的双向四车道高速公路。

铜陵长江公铁大桥建设规模宏大，堪称世界一流桥梁，刷新了我国公铁两用大桥桥梁跨度的新纪录。其中深水大型沉井基础施工、大跨度桥梁无砟轨道施工、钢梁桁片式制造架设、大跨度公铁两用桥堪称世界之最。

三、"世界铁路桥之最"——大胜关长江大桥

南京大胜关长江大桥是京沪高速铁路上的控制性工程，该桥位于南京长江三桥上游1 550米处，全长9.273千米，跨水面正桥长1.615千米，通航净空32米，可以确保万吨级巨轮通过，规模宏大、施工复杂，是京沪高速铁路的控制性工程之一。

大胜关长江大桥主跨2米×336米，连拱为世界同类桥梁最大跨度，桥上按六线布置，分别为京沪高速铁路双线、沪汉蓉铁路双线和南京地铁双线。其中，京沪高速铁路设计时速达300千米；沪汉蓉铁路为I级干线，客货共线，客车设计行车时速是200千米；南京地铁行车时速是80千米。它也是世界上设计荷载最大的高速铁路桥梁，其主桥墩承台长76米，宽34米，厚6米，巨大的承台下面连着46根120米长的桩，根根直伸到水下的岩石中，共同支撑起万吨以上的荷载。从侧面看，主桥共有11个桥墩，双孔通航，3个主桥墩间的最大跨度达到336米，成为设计时速300千米级别中跨度最大的高速铁路桥梁。

从外观上看，大桥由3个主桥墩在湍急的江水中撑起巨大的身躯，两架组合钢拱架组成优美的"M"形，与"一"字形桥面一起，把水天一色映衬无遗。

大胜关长江大桥代表了中国当前桥梁建造的最高水平，被誉为"世界铁路桥之最"，是世界首座六线铁路大桥。双跨连拱为世界同类级别高速铁路大桥中跨度最大；是目前世界上设计荷载最大的高速铁路大桥；设计时速

300 千米,处于高速铁路大跨度桥梁世界领先水平,极具纪念意义(图2-21)。

图2-21 大胜关长江大桥

(资料来源:视觉中国,2019 年 12 月 7 日)

专题六 〉〉 普速铁路站房

科普专项 1 普速铁路站房的构成

铁路车站简称铁路站,口语惯称火车站,是供铁路列车停靠的地方,用以搬运货物或乘客乘车。站台可粗略地分岛式站台、侧式站台、港湾式站台、跨站式站房、特殊车站、号志站。早期的车站通常是客货两用。铁路站房主要由以下几个部分构成:

(1)车站行车区域。从进各个站信号机以内,包括各个股道、调车线、停车场、编组场等。

(2)车站内各个相关行车设施的场所。

(3)站内公共场所、各站台。

(4)站外公共场所,如广场。

(5)有关各类行车的建筑面积,如候车室、售票厅、调度楼、行包房等。

科普专项2　经典普速铁路站房速写

　　欧洲是世界铁路的发源地,众多的历史车站像一面镜子,映射出人类文明智慧、社会科技的进程,记录了曾经的成就和兴衰。

　　工业革命对人类的历史进程的推进产生了巨大的作用,铁路发展也使欧洲的城市化进程得以大大加速。伴随着工业革命的发展,19世纪的火车站也成为人类建筑史上的神话。一大批经典的铁路车站纷纷涌现,并成为城市生活不可或缺的组成部分。那些巨大的钢结构大拱下的车场站台、华丽的古典风格装修下的候车大厅、标志性的车站豪华大钟,无一不叙说着当年火车站建筑的辉煌。有些车站至今闻名于世,如米兰中央火车站、巴黎北站、马德里阿托查火车站、赫尔辛基中央火车站、伦敦国王十字火车站、伦敦圣潘克拉斯国际火车站、比利时安特卫普火车站,以及有着当时"世界最繁忙火车站"之称的纽约中央火车站等。

一.伦敦国王十字火车站

　　众所周知的系列电影《哈利·波特》中的火车站取景地就是位于伦敦的国王十字火车站(图2-22)。"霍格沃茨特快列车的始发站""九又四分之三站台"(图2-23)这些标签经常会吸引哈利·波特迷们驻足拍照或者模仿剧中角色试图推行李穿墙,从而造成站台拥挤。

图2-22　伦敦国王十字火车站

(资料来源:个人图书馆,2017年3月8日)

图2-23 "九又四分之三站台"图

（资料来源：个人图书馆，2017年3月8日）

国王十字火车站经历了数次改扩建，最近的一次也是规模最大的一次是为迎接2012年伦敦奥运会而进行的改造设计。令人瞩目的是车站西侧的半圆拱形大厅，高约20米，跨度约150米，如同"跳动心脏"的大厅覆盖了原有站房的整个西立面（图2-24）。新建大厅的南端地面层和北端夹层增设了车站的新入口。从入口中央地面向上伸展出的漏斗状白色钢网架向四周辐射至边沿的16根树状钢柱，覆盖在约7 500平方米的大厅屋面上，使国王十字火车站成为欧洲单体跨度最大的车站建筑。这种新与旧的并置使这座古老的火车站重现生机，成为一座超级现代化的交通枢纽。

图2-24 半圆拱形大厅

（资料来源：个人图书馆，2017年3月8日）

二、圣潘克拉斯国际火车站

　　紧邻国王十字火车站的圣潘克拉斯国际火车站(St Pancras International)似乎没那么幸运,它当年差点遭到被拆毁的厄运。这是位于伦敦圣潘克拉斯地区的一座大型铁路车站,大约建造于1868年,车站拥有两座典型的维多利亚哥特式建筑,车站的主车场则是当时欧洲最大的单跨建筑之一。20世纪60年代,城市功能的更替使老旧的圣潘克拉斯火车站显得不入时且有些多余,一度面临被关闭的命运。这个议案引来了以当时的英国桂冠诗人约翰·贝杰曼(John Betjeman)为首的人们的强烈反对,车站被勉强保留下来。直到2000年左右,这座车站才开始被修缮、扩建,更名为"圣潘克拉斯国际火车站",并作为"欧洲之星"在英国的终点站(图2-25)。这次成功的改造,完好地保留了车站的使用功能,恢复了旧时的样式,增添了新的服务设施。站内还设置了一座约翰·贝杰曼的铜像(图2-26),以纪念他为保留这座优秀历史建筑而做出的贡献;同时又摆放了一座名为"约会之地"的巨大雕塑,以重新唤起人们旅行中的浪漫情怀。

图2-25　圣潘克拉斯国际火车站

(资料来源:个人图书馆,2017年3月8日)

图 2-26　圣潘克拉斯国际火车站里的约翰·贝杰曼铜像

（资料来源：个人图书馆，2017 年 3 月 8 日）

三、比利时安特卫普火车站

这个享有"铁路大教堂"美誉的车站，主体建筑属于巴洛克风格，正中央75 米高的穹顶，搭配两侧的小穹顶，高低错落，精致恢宏。步入车站中央大厅，高耸的穹顶，花瓣状扇形的窗户，古老的壁钟，处处都传递着一种皇家贵族的气息。站台空间则由透着工业革命气息的红色钢结构拱顶和透明的玻璃构成，细节上处处体现着新艺术运动的装饰风格，光线投射进来，明亮柔和，让人仿佛置身于一座艺术馆（图 2-27）。如果不是火车的笛声，你或许感受不到这是一座人来人往的火车站，来到这里，或许你既不想匆匆启程，也不愿匆匆告别，只想静静地坐在某个角落，感受这座车站的辉煌。

图 2-27　比利时安特卫普火车站

（资料来源：个人图书馆，2018 年 2 月 8 日）

四、纽约中央火车站

美国纽约中央火车站是世界上最大、最繁忙的车站之一。它拥有 44 座站台和地下两层铁路站场，地下一层有 41 条股道，地下二层有 26 条股道。同时，它还是纽约铁路与地铁的交通枢纽。这座始建于 1903 年，1913 年正式启用的火车站是由美国铁路之王范德比尔特家族（Cornelius Vanderbilt）出资建造的，现如今它已是纽约著名的地标性建筑，同时也是一座巨大的公共艺术馆。

车站外部建筑造型沿用当时风行的布扎（Beaux-Arts）学院式风格，巨大的拱门、纪念性的壁柱、正面顶端希腊式的雕塑，都述说着这座车站技术的宏伟和艺术的璀璨。车站内部的候车大厅长 115 米，宽 37 米，高 38 米，建成时几乎成为当时世界最大的公共空间，甚至比巴黎圣母院的中庭还大。大厅里的楼梯是仿照巴黎歌剧院风格设计的，当光线透过巨大的拱形窗照射进室内时，给人一种置身在歌剧院的错觉。大厅的拱顶是法国艺术家根据中世纪的一份手稿绘制出的黄道 12 宫图，由灯光标示出星空中 2 500 多颗星星的位置，夜幕降临，熠熠生辉（图 2-28）。

图 2-28　纽约中央火车站

（资料来源：个人图书馆，2019 年 5 月 1 日）

　　纽约中央火车站还有一些为人乐道的秘密空间，除了地下密布的轨道和相关设施外，还隐藏着一个秘密通道，在某个站台可以进入这个密道直达华尔道夫酒店。据说二战期间罗斯福总统到纽约时，为躲避记者，常用此道。另外火车站还有一个吻室（the Biltmore room），在 19 世纪三四十年代，那些乘车远道而来的旅客下了火车之后，就在此与迎接他们的至爱亲朋拥抱接吻，这也是吻室得名的原因。

　　经历过百年的沧桑变化，这座车站依然屹立在纽约繁华的街头，见证岁月的变迁，不知与多少人一起走过黄金时代，至今仍承载着来自世界各地的万千乘客，并被描述为"一件华贵的建筑""曼哈顿中部最重要的一部分""一个天才的工程杰作"。

第三章
高速铁路时代

专题七 》》 高速铁路时代的列车

科普专项 1　中国高铁发展历程

2008 年 8 月,我国第一条高铁——京津城际高铁开通运营,标志着中国高铁时代正式到来。10 年间,从 0 到 2.9 万千米,中国高铁列车以超乎想象的速度呼啸而来,令世界刮目。对于个体而言,高铁改变了我们的时空观念,将中国变小,世界变大;对于城市来说,高铁更是一场地理革命,正改变着中国的经济格局。高铁的建成并不是一蹴而就的,我国在高铁的研发过程中经历了四个阶段、重重难关,才能发展到如今引领世界的局面。

一、研究决策阶段(1990—2004 年)

20 世纪 90 年代初,我国就已经提出高速铁路兴建计划。但是,在修建方法上却引发了长达十多年的争议和论证。"磁悬浮派"和"轮轨派"之争是中国高铁技术理论奠基史上的显著标志,当时磁悬浮派认为磁悬浮列车代表着未来高铁技术发展趋势,而轮轨派认为无论从技术上还是从工程造价上来看,修建轮轨高铁才是当务之急。最终,考虑到与我国现有的轮轨技术兼容问题和造价问题,选择了轮轨技术。

二、技术引进期(2004—2008 年)

2004 年初,中国准备全国普及高铁,但是自己无法设计和制造。于是中国铁道部门举行了一次国际竞标。很多国际竞标者比如日本川崎、德国西门子、加拿大庞巴迪和法国阿尔斯通都参加了。中国铁路部门并没有选择某个竞标者,而是要求每个企业设计和生产各自类型的高铁列车。条件是必须接受中国的型号标准。就这样,中国高铁网络运行着不同国家品牌企业的各种列车。在这一阶段,中国通过引进消化吸收,基本掌握了时速200~250千米的高速列车制造技术(图3-1)。

图3-1 技术引进期高铁

(资料来源:小新视角,2021年3月9日)

三、自主制造与创新(2008年至今)

中国高铁的自主制造始于 CRH380-A,这原先是交给日本人来完成的,以实现时速380千米,用于京沪线。但是,日本人退出了这个项目,并撤走了所有材料和关键技术。然而,中国还是决心继续进行这个项目。目前中国铁路已经掌握了设计、制造适应各种运行需求的不同速度等级的高速动车组列车成套技术,具备极强的系统集成、适应修改、综合解决并完成本土化的自主创新能力,最终形成自主技术标准与设计,完成从"中国制造"向"中国创造"的转身(图3-2)。

图 3-2　自主制造阶段高铁

（资料来源：小新视角，2021 年 3 月 9 日）

四、走出国门（2016 年至今）

目前，中国高铁技术已经处于世界先进前列，并开始角逐全球高铁市场，承建了世界高铁网络中的 60%，主要涉及印度尼西亚、巴基斯坦、老挝、泰国、俄罗斯、埃塞俄比亚和匈牙利、塞尔维亚铁路等国家。中国高铁正在大步走向世界。

科普专项 2　高铁产业链

高铁产业链较长且复杂，整个产业链纵向贯穿基建、产业化制造业、营运服务业，涉及机械、电气、电子、信息技术、材料等多个领域。高铁概念相关产业按价值链自上而下主要可分为三大部分：上游铁路基建、中游列车制造及相关设备和下游营运服务相关（图 3-3）。

上游主要包括工程承包、工程机械以及桥涵、轨道、隧道等建设中需要用到的各种配套建材。代表企业有中国中铁、中国铁建等。中游主要包括车辆购置、零件配件、专用系统设备等。领先企业包括中国中车、中国通号、铁科院等。整个产业链下游包括运营、物流公司等服务业相关企业，包括神州高铁等。

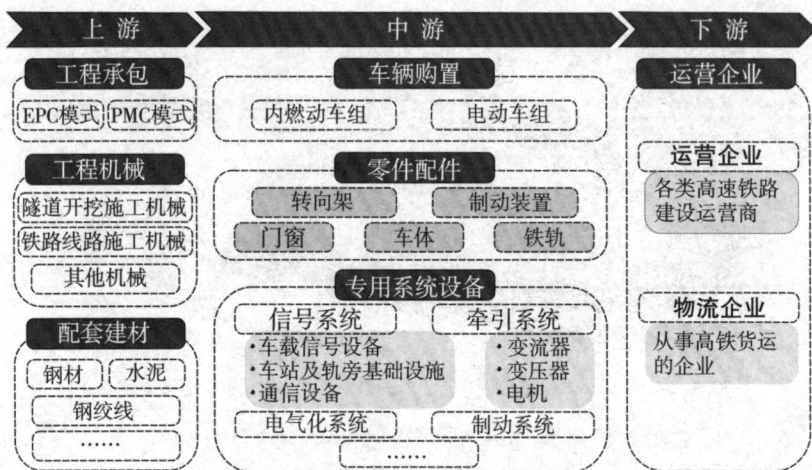

图3-3 高铁行业产业链

科普专项3 高铁列车和动车的区别

高铁,全称"高速铁路",是铁路系统。动车,全称"动车组列车",是铁路列车的一种,在高速铁路上跑的都是动车组,即我们所乘坐的 C 字头、G 字头、D 字头列车。城际铁路是相邻城市之间专门开行城际列车、运输城际旅客的铁路。

现实生活中,我们习惯将时速 300 千米及以下的 D 字头列车称为"动车",将运行时速 300 千米及以上的 G 字头列车称为"高铁"。

高铁和动车的区别:车次不同、速度不同、铁轨不同、行驶的要求不同。

(1)车次不同。高铁是以 G 开头的车次,"G"是汉字"高"的拼音字头。动车是以 D 开头的车次,D 是汉字"动"的拼音字头。

(2)速度不同。高铁的时速在 300 千米以上,而动车的时速在 300 千米以下。

(3)铁轨不同。高铁使用的铁轨是专用铁轨,这也是称之为高铁的原因。动车使用的铁轨既可以是高铁专用铁轨,也可以是经过改装的普速铁轨,具有兼容性。

(4)行驶的要求不同。高铁可以称作专线,所以全线设置的站台很少。动车全线设置的站台就比较多,主要跑的是城际线。

科普专项4　高速列车的型号

中国高铁的车型型号大致可以分为三个系列:①CHR系列,如CRH1、CRH2、CRH3等;②CRH380系列,如CRH380A、CRH380B等;③复兴号系列,如CR400AF、CR400BF等(表3-1)。

表3-1　中国高铁列车型号及简介

高铁型号(别称)	运营速度	投入运营时间	简介
N/A(磁悬浮列车)	600 km/h	2019-05	可实现自动发车、自动驾驶、自动停车等功能
CRH380A(动感号)	200 km/h	2018-09	编组方式为8辆编组,用于广深港高铁香港段
CR400AF、CR400F(复兴号)、CR200J	350 km/h	2017-09	编组可拓展到17节动车
CRH380D	350 km/h	2014-04	编组方式为4节动车配4节拖车,最高时速为420千米/时
CRH380CL	400 km/h	2013-09	编组方式为8节动车配8节拖车,特点为耐寒
CRH380A	380 km/h	2010-09	编组方式为6节动车配2节拖车
CRH3c	350 km/h	2008-08	编组方式为5节动车配3节拖车,主要服务于东北三省、西北区域及高寒区域
CRH54	250 km/h	2007-04	编组方式为4节动车配4节拖车,主要用于城际列车
CRH1A	200 km/h	2007-01	运输、中短途城市间、区域城郊间通勤与商旅

科普专项 5　高速列车的构成

高速列车由主体构造和内部构造两部分构成。

一、主体构造

高速动车组列车主体构造包括车体、转向架、牵引传动及控制系统、制动装置、车端连接装置、受流装置(电动车组)、车厢内部设备和驾驶室设备、列车控制网络信息系统八大组成部分,并配置其他细节硬件和软件设备,综合集成机械、电子、新型材料和计算机等诸多现代科学技术。

动车组由动车和拖车组成,有动力的车厢叫动车,无动力的车厢叫拖车。拖车是动车组中不具备牵引动力装置或控制装置的车辆;控制车是动车组中具有控制装置而无牵引动力装置的车辆,其本质仍是拖车。动车组驾驶室位于列车前后两端,可以采用传统机车,或采用拖车(控制车)。自动旅客捷运系统(APM)中的动车组采用无驾驶室车体。

动车组中的动车与拖车之间通过车钩、缓冲器、风挡、车端阻尼装置和电气连接装置等相衔接(图3-4),利用牵引系统(变压器、变流器、电机等)构成动力单元,并通过微机控制技术操纵全列车的启动和制动运行。传统列车没有动力单元,机车与拖车相互独立,所有动力装置集中于机车,车厢或车皮数量可单个增减。

图3-4　车端设备

(资料来源:搜狐网,2017年11月26日)

二、内部构造

列车的内部构造主要有驾驶室(图3-5)、商务座、一等座、二等座、动车组餐车(图3-6)、行李架、洗手间等。

图3-5　动车组驾驶室

(资料来源:人民网,2018年6月15日)

图3-6　动车组餐车

(资料来源:人民网,2018年6月15日)

科普专项6　中国高速铁路技术体系

中国高速铁路技术体系分为八个板块：工务工程、高速列车、列车运行控制系统、牵引供电系统、客运服务系统、运营调度系统、综合检测维修、安全防灾检测系统。

一、工务工程

工务工程包括轨道、路基、桥梁、隧道、房建工程等子系统。我国高速铁路一般采用全线高架、无砟轨道、高速道岔、超长无缝钢轨、先进测量等技术。

二、高速列车

高速列车属于现代化的高速交通工具，是火车顶尖科学技术的集中体现，可以大幅提高列车旅行速度，从而提高火车运输效率。高速列车已经不再像过去由机车拖着车辆运行，而是多节车厢都可以有动力，因此称为"动车组"。

动车组的九大核心技术包括高速列车总成、车体、转向架、牵引变流器、牵引变压器、牵引电机、牵引控制、网络控制和制动系统（图3-7）。

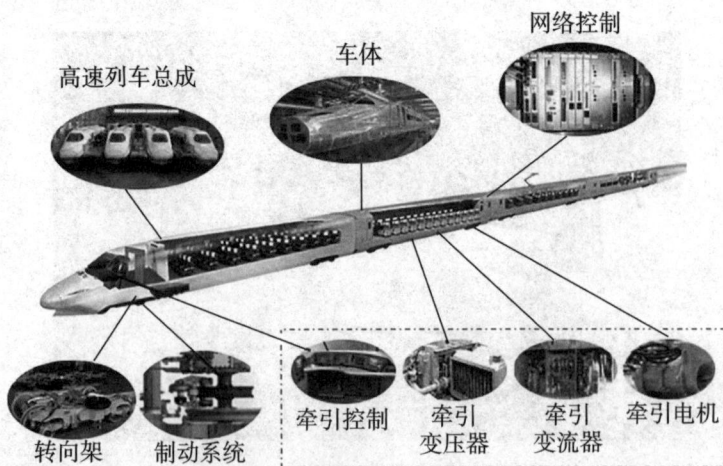

图3-7　动车组九大核心技术

（资料来源：中华人民共和国驻泰王国大使馆，2012年12月19日）

三、列车运行控制系统(CTCS)

(1)CTCS-1 级。人控优先,超速防护,普速铁路。

(2)CTCS-2 级。机控优先,基于轨道电路+应答器的地对车单向信息传递,250 千米/时客专,5 分钟追踪。

(3)CTCS-3 级。机控,基于无线数据传输平台(GSM-R)车地双向列控信息传递,350 千米/时客专,3 分钟追踪。

(4)CTCS-4 级。移动闭塞或虚拟闭塞。

四、牵引供电系统

由电力、接触网、变电、供电、远动等构成。外电 110 kV/220 kV 接入变电所,通过接触网为高速列车供电;2×27.5 kV 的 AT 供电方式,供电距离 60 千米,比直供延长 1 倍;通过 SCADA 系统实现远程监测、控制与调节,实现保护、控制一体化和越区供电;综合接地、防雷、融冰雪(图 3-8)。

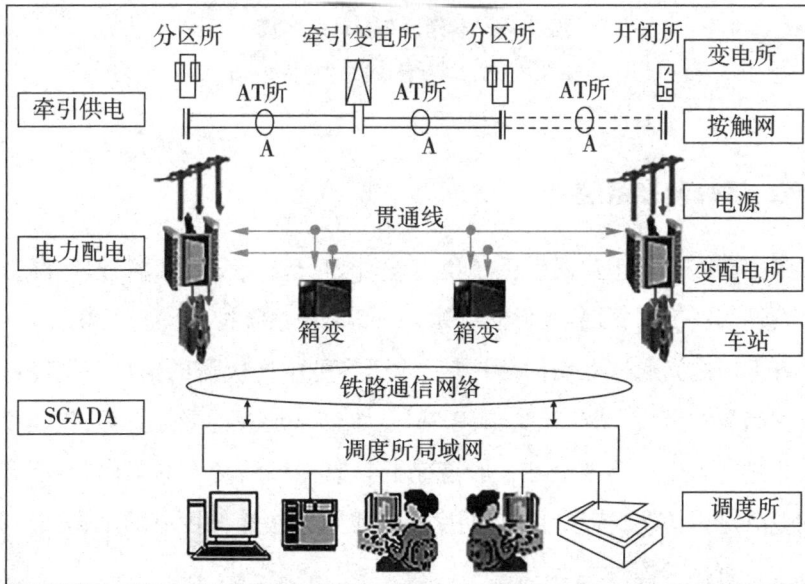

图 3-8　牵引供电系统

(资料来源:科技创新,2014 年 3 月 4 日)

五、客运服务系统

客运服务包括票务系统、旅客服务系统、市场营销策划系统、客运组织管理等。其中,票务系统是采用超大型交易和数据处理平台、集中式结构,与既有票务系统兼容,对席位精确管理;支持网络、电话等多种购票方式及支付手段;自动售、检票(图 3-9)。

图 3-9 客运服务自动售票机

(资料来源:《吉林日报》,2021 年 7 月 21 日)

六、运营调度系统

我国高速铁路运营调度系统由运输计划、运行管理、车辆管理、综合维修、客运服务、供电管理、客货营销等 7 个功能子系统构成(图 3-10)。

各部门之间通过专用网络连接,传递各种生产所需的信息。调度所直接指挥列车的运行,动车基地、乘务基地、维修基地等为受控部门,按调度所的安排进行工作。调度中心一般情况下只监视各调度所的工作,对跨调度所的业务进行协调,特殊情况下调度中心也可以接管调度所的工作,对列车运行进行直接指挥。

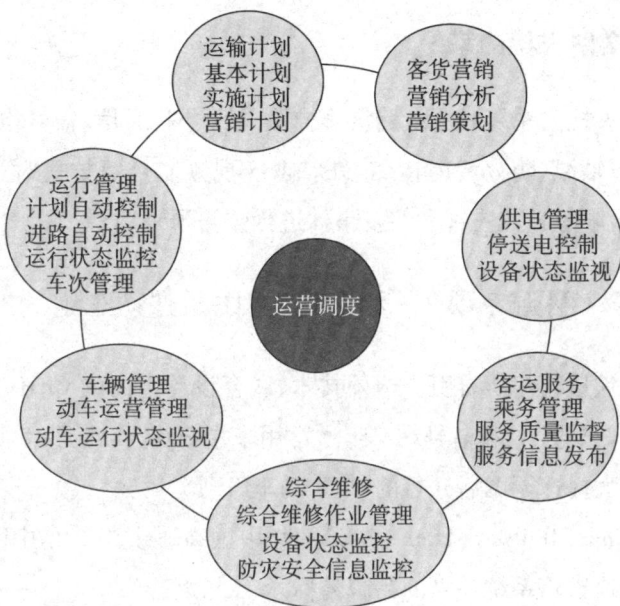

图 3-10 运营调度系统

（资料来源：自编图片，2022 年 6 月 20 日）

七、综合检测维修

高铁综合检测维修的特点包括：现代化的检测与维修设备；每日 0 点以后设置 4 小时左右综合维修"天窗"；每日运营前开行空载动车组检查确认线路状况；综合检测列车每 10 天对基础设施、通信信号、牵引供电设备进行综合检测诊断(图 3-11)。

图 3-11 高速铁路综合检测车

（资料来源：中国科技网，2021 年 9 月 12 日）

八、安全防灾检测系统

安全防灾检测系统利用线路沉降监测,接触网、通信、信号检测,高速列车运行品质、轴温、防火智能检测诊断,全线视频监控等方式对大风、雨雪、地震、异物侵限等自然灾害和突发事件进行监测预警。

科普专项 7　和谐号 CRH 系列动车组

原中国铁道部将所有引进国外技术、联合设计生产的 CRH 动车组车辆均命名为"和谐号"。和谐号动车组通常用来指 2007 年 4 月 18 日起在中国铁路第六次大提速调图后开行的 CRH 动车组列车。

CRH（China Railways High-speed）即"中国高速铁路",是中国铁路总公司对中国高速铁路系统建立的品牌名称。

2008 年中国的和谐号高速动车组 CRH 在京津城际铁路上正式开通运营,在系统集成技术、轻量化技术、高速转向架技术、交流传动技术、高速受流技术、节能环保技术等方面都已达到了先进水平。

中国和谐号 CRH 系列动车组分别为 CRH1 型动车组、CRH2 型动车组、CRH3 型动车组、CRH5 型动车组及 CRH380 型系列动车组,全部采用电力电动分散式交—直—交传动方式（表 3-2）。

和谐号 CRH1 型电力动车组（CRH1 Electric Multiple Unit Railcar）（图 3-12）是原铁道部为进行中国铁路第六次大提速,于 2004 年起向庞巴迪运输和青岛四方庞巴迪铁路运输设备有限公司（BST）（前称"青岛四方-庞巴迪-鲍尔铁路运输设备有限公司",BSP）订购的 CRH 系列高速电力动车组车款之一。

表3-2 CRH四种动车组技术参数比较

项目	车型			
	CRH1	CRH2	CRH3	CRH5
编组型式	8辆编组,可两编组连挂运行			
动力配置	2×(2M+1T)+(1M+1T)	4M+4T/6M+2T	4M+4T	(3M+1T)+(2M+2T)
车种	一等、二等酒吧座车合造车			
定员(人)	670	610	557	608
编组重量(吨)	420.4	408.5	473	451
编组长度(米)	213.5	201.4	200	211.5
动轴数	20	16	16	10
运营速度(千米/时)	200	200/300	350	200
试验速度(千米/时)	250	250/330	394.3	250
牵引功率(千瓦)	5300	4 800/7 200	8800	5 500
车体型式	不锈钢车体	大型中空型材铝合金车体		
转向架类型	H型无摇枕空气弹簧转向架	DT206/TR7004B无摇枕转向架	H型无摇枕转臂式定位空气弹簧	二系空气弹簧摇枕转向架
轴重(吨)	≤16	≤14	≤17	≤17(动)/≤16(拖)
受流电压制式	AC25千伏—50赫兹			
牵引电机功率(千瓦)	265	300	562	550
制动方式	空气+再生	直通式电空制动+再生制动		
制动距离	≤2 000米(制动初速200千米/时),≤1 400米(制动初速160千米/时)			
列车控制网络系统	车载分布式计算机网络系统			

CRH2 型电力动车组(图 3-13)是南车四方机车车辆公司引进日本川崎重工的技术,消化吸收再创新生产的,以日本新干线列车为原型,时速 200 千米以上。

图 3-12　CRH1A 型动车组

(资料来源:文档之家,2019 年 3 月 9 日)

图 3-13　CRH2B 型动车组

(资料来源:文档之家,2019 年 3 月 9 日)

CRH3 型动车组(图 3-14)由唐山机车厂联合西门子生产,采用德国的技术。

图 3-14　CRH3 型动车组

（资料来源：文档之家，2019 年 3 月 9 日）

CRH5 型动车组（图 3-15）由长春客车厂联合阿尔斯通生产。

图 3-15　CRH5 型动车组

（资料来源：文档之家，2019 年 3 月 9 日）

　　CRH 动车组列车中，CRH1 系列和 CRH2A/2B 标准时速 200 千米，用于快铁，是有砟轨道；2008 年 8 月 1 日起陆续开通的高速铁路（CHSR）也冠名于高铁上的列车，CRH2C 的标准时速在 250～350 千米，用于最早的高铁即京津城际和武广高铁等，发展出标准时速 350 千米的 CRH380 系列（图 3-16），用无砟轨道。

图 3-16　CRH380A 型动车组

（资料来源：四川在线，2021 年 6 月 28 日）

科普专项 8　复兴号 CR 系列动车组

2012 年，由中国铁路总公司主导，中国铁道科学研究院技术牵头，中车所属企业设计制造，开展了中国标准动车组设计研制工作。2017 年 6 月 25 日，中国标准动车组被正式命名为"复兴号"。2017 年 6 月 26 日，中国标准动车组复兴号在京沪高速铁路两端的北京南站和上海虹桥站正式双向首发。

新一代标准动车组复兴号是中国自主研发、具有完全知识产权的新一代高速列车，它集成了大量现代国产高新技术，如牵引、制动、网络、转向架、轮轴等。

一、复兴号动车组的车型

目前，复兴号动车组已有 CR400AF、CR400AF-A、CR400AF-B、CR400AF-C、CR400AF - G、CR400BF、CR400BF - A、CR400BF - B、CR400BF - C、CR400BF-G、CR300AF、CR300BF、CR200J 共计 13 款车型。其中："CR"是 China Railway 的缩写，即中国铁路；"F"为技术类型代码，标识动力分散型，区别于"J"表示动力集中型；在"F"中又分为"AF"和"BF"，以区别生产厂家，"AF"为青岛四方生产，"BF"为中车唐山和长客生产（图 3-17）。

对于动力分散型动车组来说,"–"后面的字母代表技术分支:不带"–"的是普通 8 编组动车组(一列车有 8 节车厢),"–A"代表 16 编组动车组,"–B"代表 17 编组动车组,"–C"代表 8 编组智能动车组(支持自动驾驶),"–E"代表卧铺动车组,"–G"代表 8 编组高寒动车组(能够适应高寒地区环境),"–S"代表双层动车组。

图 3–17　复兴号 CR400AF(左侧)和车 CR400BF 动车组(右侧)

(资料来源:百度百科,2017 年 6 月 25 日)

二、复兴号动车组的级别

复兴号动车组有三种级别,采用 CR200/CR300/CR400,分别对应 160 千米、250 千米和 350 千米三种持续时速等级,数字代表最高时速,如 CR400 代表速度可达 400 千米/时及以上,持续运行速度为 350 千米/时。

三、复兴号 CR400 技术特点

(1)自主研发。复兴号采用全新自主设计,车辆总体设计以及车体、转向架、牵引、制动、网络等关键技术均为自主研发,具有完整的自主知识产权。复兴号大量采用中国国家标准、行业标准、中国铁路总公司企业标准等技术标准,同时采用了一批国际标准和国外先进标准,具有良好的兼容性能。在 CR400 系列中国标准动车组研制过程中,针对车体、转向架、牵引制动、网络控制、人机界面等关键技术形成了一批新专利,共申请受理发明专利 31 件,实用新型专利 39 件,外观专利 12 项。

(2)性能更优。复兴号针对适应中国地域广阔的特点研发,不仅能够适应高温、高寒和高原等极为复杂的运用环境,还能适应大运量、长距离等特有的运输需求。复兴号进行了60万千米运用考核,试验结果证明,复兴号整车性能指标实现了较大提升。复兴号主要承载结构按17吨轴重设计,主体结构设计寿命大于30年,而和谐号高速动车组的主体结构设计寿命是20年。

(3)绿色节能。复兴号采用全新低阻力流线型头型,车体采用平顺化设计,使车型看起来线条更优雅,跑起来也更节能。以CR400为例,坐过复兴号的朋友都会发现,车顶有个"鼓包",那其实是受电弓和空调机组的安装区域;该车的空调机组、受电弓均采用了下沉式安装方式,使车顶外形变得更加平顺。另外还通过优化车窗、车门安装结构,实现了车体侧身的平顺,这样列车不仅看起来颜值更高,运行阻力也比既有CRH380型高速动车组降低了7.5%~12.3%,350千米时速下运行时人均百公里能耗相比CRH380A下降17%左右。

(4)容载能力强。以CR400为例,相比和谐号CRH380,从外面看,复兴号体形更为庞大了,登车后,旅客还会惊异于内部空间更大,而且有心的乘客还会发现,座位间距更为宽敞。列车高度从3 700毫米增高到4 050毫米。列车定员也由556人增加到576人(图3-18至图3-21)。

图3-18　复兴号智能动车组商务座

(资料来源:凤凰新闻,2019年1月4日)

图 3-19　复兴号智能动车组二等座

（资料来源：凤凰新闻,2019 年 1 月 4 日）

图 3-20　复兴号机械师室

（资料来源：凤凰新闻,2019 年 1 月 4 日）

图 3-21　复兴号卫生间

（资料来源：凤凰新闻,2019 年 1 月 4 日）

专题八 》》 高速铁路时代的铁路

科普专项 1　高速铁路的定义

高铁在不同国家、不同时代以及不同的科研学术领域有不同规定。

根据国际铁路联盟(UIC)的定义,高速铁路是指通过改造原有线路(直线化、轨距标准化),使营运速率达到每小时 200 千米及以上,或者专门修建新的"高速新线",使营运速率达到每小时 250 千米及以上的铁路系统。

中国国家铁路局颁布的《高速铁路设计规范》文件中将高铁定义为新建设计时速为 250 千米(含)至 350 千米(含),运行动车组列车的标准轨距的客运专线铁路。国家发展改革委将中国高铁定义为时速 250 千米及以上标准的新线或既有线铁路,并颁布了相应的《中长期铁路网规划》文件,将部分时速 200 千米的轨道线路纳入中国高速铁路网范畴。

高速铁路不等同于高速列车,就好比赛道不等同于赛车。高速铁路是一种铁路系统,高速列车是一种车辆类型。高速铁路既可供普速列车也可供高速列车行驶,高速列车既能在高速铁路也能在普速铁路上行驶,只不过铁路和列车设计速度不匹配会制约运行速度。

科普专项 2　中国高速铁路网

中国高速铁路网是全球规模最大、技术最先进的高速铁路系统之一。中国高铁迅速发展,成为国家现代化交通体系的重要组成部分。中国高铁的特点不仅是无砟轨道技术,而且逐步形成中国标准动车组的华标体系。中国人口多、密度大、国土广等特点都非常适合发展高速铁路。

据我国《中长期铁路网规划》(规划期为 2016—2025 年,远期展望到 2030 年,下同)内容,我国高铁线网已实现原来的"四纵四横",正在完善"八纵八横"铁路网。在原规划"四纵四横"主骨架基础上充分利用既有铁路,形成以"八纵八横"主通道为骨架、区域连接线衔接、城际铁路补充的高速铁路网。

"八纵"通道为:沿海通道、京沪通道、京港(台)通道、京哈—京港澳通道、呼南通道、京昆通道、包(银)海通道、兰(西)广通道。

"八横"通道为:绥满通道、京兰通道、青银通道、陆桥通道、沿江通道、沪昆通道、厦渝通道、广昆通道。

科普专项 3　中国高速铁路里程发展

2008 年,全国高铁营运里程仅 671.5 千米,而从 2009 年开始,高铁运营里程开始显著提升。截至 2020 年底,我国高铁总里程已达到 3.8 万千米,超额完成了 2016 年国家发布的《中长期铁路网规划》中 2020 年的目标,稳居世界第一(图 3-22)。

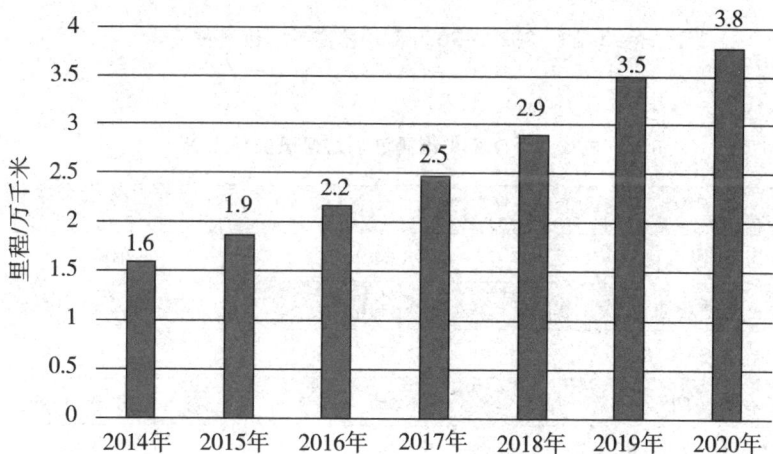

图 3-22　2014—2020 年中国高铁营运里程

据我国《中长期铁路网规划》内容,我国高铁线网正在完善"八纵八横"铁路网,并规划到 2030 年,整个高铁路网要达到 4.5 万千米。2020 年国铁集团颁布的《新时代交通强国铁路先行规划纲要》中指出,到 2035 年,我国高铁运营里程要达 7.0 万千米左右,50 万人口以上城市高铁通达(图 3-23)。

总体来看,截至 2018 年年底,我国"八纵八横"规划总里程已开通里程

2.9 万千米,占比为 63.64%,完成率尚未达到 65%,未来仍有 35% 的建设空间。未建规划里程近 11 596 千米,占比为 25.41%。高铁行业远期展望仍有空间。但从长期来看,未来通车里程的增幅会逐步放缓,行业正由快速成长期向成熟期过渡(表 3-3)。

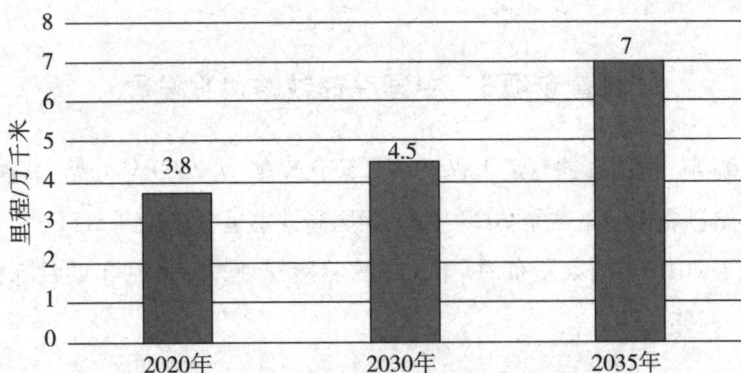

图 3-23　2020—2035 年中国高铁营运里程预测

表 3-3　未来中国高铁规划建设里程预测

	里程(千米)	占比
八纵八横	45 640	100%
已开通	29 043	63.64%
在建 2019 开通	3 524	7.72%
在建 2020 开通	1 737	3.81%
在建 2021 后及以后开通	2 364	5.18%
未建规划中	11 595	25.41%

科普专项 4　钢轨与轨距

一、钢轨的类型与外形

钢轨类型是以 1 米长度钢轨的质量来区分的。1 米长度钢轨质量 60 千克及以上的是重型钢轨,质量 50 千克的是次重型钢轨,质量 43 千克的是中型钢轨,质量 38 千克的是轻型钢轨。质量越大的钢轨越能承受大的冲击力,因此,列车的速度越高,列车的质量越大,就越要求使用质量大的钢轨。

一根钢轨的标准长度是 25 米。把许多标准长度的钢轨焊接起来,就成为 500 米长的长钢轨,再把一根根 500 米长的长钢轨焊接起来,就成为无缝线路。无缝线路没有轨缝,使列车对线路的冲击大大减少,高速列车的行车速度可显著提高,列车运行平稳,也延长了线路、信号设备和高速列车的使用寿命。

火车的载重量很大,所以钢轨的受压能力要足够大。钢轨的受压能力不但与钢轨的材质有关,而且与钢轨的形状有关。在压力(火车的重量)是一个确定的数值时,受力面积越大,受到的压强就越小,所以,轨头(即钢轨的顶面)需要有一定的宽度和厚度来承载火车的重量。钢轨与道床的接触面积越大,钢轨的稳定性就越好,所以轨底(即钢轨的底面)要比轨头宽得多。此外,火车的车轮轮缘有一定的高度,钢轨也需要有一定的高度与车轮轮缘相配,避免车轮滚动时接触到道床,因此,钢轨设计成"工"字形是非常合理的(图 3-24)。

图 3-24 钢轨的固定

(资料来源:搜狐网,2017 年 6 月 3 日)

从科学的角度来看,"工"字形的钢轨是非常坚固的,而且"工"字形也能充分合理地利用钢材,所以"工"字形的钢轨就成为质量最好的钢轨。一般来说,无论是什么规格或型号的钢轨,断面各部分质量的比例是固定的,底部占37%、顶部占42%、腰部占21%,而且,钢轨的高度一定要等于轨底的宽度(图3-25)。如果钢轨头部的磨损超过0.64厘米,就要更换新的钢轨。

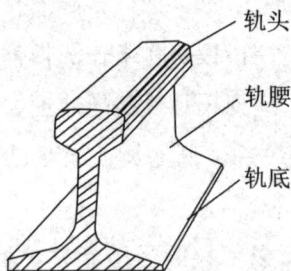

图3-25 钢轨的截面

(资料来源:搜狐网,2015年3月4日)

二、轨距

轨距是钢轨顶面下16毫米范围内两股钢轨工作边之间的最小距离。轨距应该在钢轨头部内侧顶面下16毫米处测量(图3-26)。

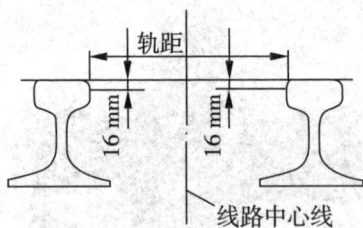

图3-26 轨距

(资料来源:北方网,2017年6月8日)

国际标准轨距是1 435毫米。轨距大于1 435毫米是宽轨轨距,比如1 524毫米;轨距小于1 435毫米是窄轨轨距,比如1 000毫米、762毫米、610毫米等。中国铁路使用的轨距标准为1 435毫米。这也是国际标准轨距,但在个别线路仍保留有轨距为1 000毫米的窄轨。

为什么国际标准轨距是1 435毫米?回顾历史,1825年,世界上第一条营业铁路——英国的斯托克顿—达林顿铁路通车,采用的是 1 435 毫米轨距。1846 年,英国国会把这个轨距确定为标准轨距,禁止在新建铁路线采用其他轨距。当时的英国是资本主义强国,因此也把这个标准推行到英国的殖民地和势力范围。例如,主持修筑中国第一条铁路——唐胥铁路的工程师是英国人克劳德·威廉·金达,他就主张采用 1 435 毫米轨距。从现实情况看,全世界采用 1 435 毫米轨距国家占多数,所以把 1 435 毫米定为国际标准轨距。

科普专项 5   高速铁路的噪声与解决措施

高速铁路为我们的生活带来方便和舒适,但是它的噪声会污染环境,影响人们的健康。

30 ~ 40 分贝的噪声是理想的安静环境;70 分贝的噪声会影响谈话;长期生活在 90 分贝以上的噪声环境中,听力会受到严重影响并产生神经衰弱、头痛、高血压等;如果突然暴露在高达 150 分贝的噪声中,轻者鼓膜会破裂出血,双耳完全失去听力,重者则会引发心脏共振,导致死亡。我国著名声学家马大猷教授提出三条建议:

(1)为了保护人们的听力和身体健康,噪声的允许值在 75 ~ 90 分贝。

(2)交谈和通信联络时,环境噪声的允许值在 45 ~ 60 分贝。

(3)睡眠时,噪声的允许值在 35 ~ 50 分贝。

高速铁路的噪声主要有轮轨噪声、集电系统噪声、空气动力噪声、建筑物震动噪声和机械噪声。列车速度在 240 千米/时以下时,轮轨噪声约占噪声总能量的 40% ,对沿线环境的影响比较大;列车速度在 240 千米/时以上时,空气动力噪声和集电系统噪声增大,与轮轨噪声共同成为主要噪声源;当列车速度达到 300 千米/时,轮轨噪声与空气动力噪声各占噪声总能量的 30% 左右。

一、轮轨噪声

轮轨噪声是主要的铁路噪声,包括车轮与钢轨的摩擦噪声、冲击噪声以

及震动轰鸣噪声。解决方法是:

(1)实现车辆轻量化,可以减小因震动引起的噪声,减轻对车厢内部和周边环境的影响。

(2)采用无缝线路,使列车运行平稳,降低噪声。

(3)定期检查车轮和钢轨,定期研磨、切削平整,可以减小车轮与钢轨的摩擦、冲击和震动。

(4)在高速铁路经过的人口密集地带建造隔音墙。

二、集电系统噪声

集电系统噪声是受电弓与接触网导线接触、滑动引起的,包括滑动噪声、受电弓离线时产生的电弧放电噪声以及空气高速流动时摩擦引起的风切噪声。解决方法是:

(1)优化接触网和受电弓的结构设计。

(2)接触网导线和受电弓的滑板采用低噪声材料。

(3)抑制受电弓和接触网系统的有害震动,确保受电弓与接触网系统相互适应、合理匹配。

三、空气动力噪声

空气动力噪声是由列车高速开行时引起空气流紊乱,气流直接产生的振幅和频率杂乱、无规则的声音,喷气式飞机发动机喷出的气流产生的声音就是一种空气动力噪声。空气动力噪声与列车行驶速度、车体表面的粗糙程度以及车体前端是否流线化等因素有关。高速列车的空气动力噪声能量与车速的 6~8 次方成正比,列车从速度 200 千米/时加速到 300 千米/时,空气动力噪声能提高 10~14 分贝。解决方法是:

(1)根据空气动力学的原理设计高速列车的车头、车体。把车头设计成头型很长的流线型;把车体设计成光滑平整,外形曲面平滑过渡,几乎没有突起部分;使车辆横截面积尽量减小。整个车身横截面呈鼓形,即车顶为圆弧形,车身侧墙上部向内倾斜并以圆弧过渡到车顶,车身侧墙下部向内倾斜并以圆弧过渡到底架。车辆底部形状对空气阻力的影响很大,为了避免地板下部设备的外露,采用与车身横截面形状相吻合的裙板遮住车下设备。和谐号 CRH380A 动车组采用"火箭头"设计(图 3-27),使空气动力噪声降低 7%。

图 3-27 CRH380A 动车组"火箭头"设计

(资料来源:搜狐网,2017 年 7 月 9 日)

(2)车厢顶部的受电弓下部用光滑的导流罩罩起来,可以减少空气阻力,降低空气动力噪声。

四、建筑物振动噪声

路基、桥梁、隧道等受高速列车引发的空气压力波的冲击,产生振动而发出噪声。例如,高速列车驶出隧道口时,因为隧道横截面面积突变而产生强烈的微气压波,对洞口建筑物产生冲击作用,产生爆破声,使得列车车窗震动。解决方法是:

(1)在车体设计上减小车体横截面面积并对车头流线型进行优化设计,并将车体完全密封起来。

(2)增大整条隧道的横截面面积,使隧道横截面面积与高速列车的横截面面积的比值比较大。

(3)在隧道出入处设置缓冲段,使隧道口径逐步变化,并利用隧道中的分支坑道,从而使空气压力波变化缓慢。

五、机械噪声

机械噪声包括牵引电机、传动机构、冷却风机、空调机组、电气装置、通风管道和车厢设施等引发的噪声。这些机械噪声会恶化车厢环境,影响乘客健康。解决方法是:

(1)优化列车的机械、电气设备设计。

(2)采用多种新结构材料,如具有弹性隔声层的隔音地板、高隔声车窗、高隔声内风挡等。

(3)采用双层蒙皮结构的大型铝合金中空型材制造车体,双层蒙皮间的空瓥充填减震吸音材料,有效地阻隔从车外进入车厢的噪声。

和谐号 CRH380A 动车组以速度 300 千米/时运行时,车厢噪声水平不超过 66 分贝,远低于飞机客舱内的噪声。

专题九 >> 高速铁路时代的站房

科普专项 1　高铁车站站场

站场是列车通过、停靠和办理客运技术作业的场所,也是旅客和行包的集散地点,包括线路(到发线、机车走行线、机待线、车辆停留线等)、站台、雨棚、天桥、地道、照明、给排水、栅栏(围墙)、跨线路的平过道和垃圾处理等设施。这些设施的布置应能满足安全需要,并合理地组织旅客和行包两大流线。

一、旅客站台

为保证旅客安全,方便乘降组织,提高旅客乘降速度,缩短行包、邮件的装卸时间,确保客运站的通过能力,在办理旅客乘降的车站均应设置旅客站台。旅客站台的数量和位置应与旅客列车到发线的数量相适应,并根据客运站类型不同而有所不同。当客运站为通过式时,应设基本站台和中间站台;当客运站为尽头式时,应设分配站台和中间站台。

二、雨棚

旅客站台应设置雨棚(图3-28),雨棚用于遮阳和避风雨,给旅客乘降和行包、邮件装卸带来便利。高铁站及一等站、二等站站台(含县城所在地车站)应设与站台等长的雨棚,雨棚长度一般大于250米,站台地道出入口处必须设置雨棚。高铁站台的雨棚均采用大跨度的无柱钢结构雨棚,但无柱雨棚受线路上方接触网的影响一般高度较高,加之线路上方雨棚间存在的间隙,对站台遮阳挡雨的实际效果相对较差。

图3-28 站台雨棚

(资料来源:百度百科,2018年6月7日)

三、跨线设施

跨线设施是站房与站台之间或站台与站台之间来往的道路。它对于保证旅客及工作人员安全、便利地通行,保证行包、邮件安全便利地运送,提高通过能力起着重要的作用。跨线设施按其与站内线路的交叉关系可分为平过道和立体跨线设施。平过道是最简便的跨线设施。

立体跨线设施中最常见的有人行天桥和地道。中型站一般应设置立体跨线设施;为避免进出站人流对流和阻塞,大型的客运站需设置两个立体跨线设施。

四、给水设备

旅客列车始发、终到和技术作业站应设有客车给水设备（图3-29），给水站分布距离以150～200千米为宜。客车给水设备包括水井、水栓和胶管，给水井设置以25米为准。每两股旅客列车到发线之间应设置一组水井，每组水井的数量同列车编组相同，即主要干线不少于20个，其他干线不少于18个，一般线路不少于16个。主、干线及给水量较大的车站应配置一井双栓、一栓管。给水能力应能保证按图定旅客列车对数的停站时分及在同一时间内满足客车最高聚集对数的给水需要。干线给水栓的流量在同一时间办理客车列数时不得低于2.5升/秒。

图3-29 高铁供水设备

（资料来源：百度百科，2018年2月4日）

五、吸污设备

铁路旅客列车原来的排水、排污装置都采用直排式，即将污水、污物直接排到车外，这对环境污染较大。目前，动车组列车、高原列车及部分旅客列车均采用污水、污物集便装置，减少了对外界环境的污染，但同时对车站、车库卸污设备提出了要求。旅客列车卸污站（点）的设置应符合铁路路网规划,合理布局。车站、动车段(所)内的卸污量应根据旅客列车的污物箱容积及其数量计算确定。为满足旅客列车临时应急吸污,在部分车站还应配备移动吸污车辆,满足旅客列车临时吸污的需求。

科普专项2　高铁车站站房

站房是客运站的主体,包括旅客服务的各种用房,运营管理工作所需的各种技术办公用房及办理售票、行包、邮政转运等用房。站房布置合理对提高服务质量、保证车站良好秩序、提高车站运输能力是十分重要的。

一、站房的分类

1.线上式车站

车站的主体建筑在线路上方,旅客进出站流线按照上进下出的原则进行安排,各种流线互不交叉,进站旅客可由地面高架桥到达落客平台后直接进入候车层。上车时,旅客由候车层通过电梯和楼梯下到站台层。到达旅客由站台层通过电梯和楼梯下至到达层后出站。高铁车站中的特大型、大型车站一般采取线上式车站设计,如杭州东站。

2.线下式车站

车站的主体建筑在高铁高架线路下方,线下式车站充分体现了高铁建设环保和节省土地的理念,充分利用高铁高架线路下方的有效空间建设候车、售票等功能性区域,如余姚北站。

3.线侧式车站

车站的主体建筑在铁路的一侧或两侧,车站候车区与站台基本在一个平面上。线侧式车站的规模一般不大,若车站候车区为二层,则进站的跨线设施为天桥,出站的跨线设施为地道;若车站候车区为一层,则进站、出站的跨线设施均为地道,如温州的雁荡山站。

二、站房的设置

1.候车室

候车室是旅客大量集结、候车、休息、排队进站的场所。候车室要为旅客候车创造舒适的环境,有良好的通风、采光、采暖、防暑、休息等设备,与其他站房的主要出入口由通道连接,并尽可能靠近站台,以减少旅客检票上车的行程。候车室的使用面积除有特殊要求者外,一般应根据一日同一时间在站旅客最高集结量,按每位旅客占地 1.1～1.2 平方米计算。

2. 售票处

售票处是旅客办理售票、退票、改签手续的场所。售票处的位置及布置方式应由客运站的规模和旅客进站办理作业的程序等因素决定。中、小型客运站的售票处设在进站口一侧,这样可使进、出站旅客不发生交叉。大型客运站的售票处应设在进站流线的前端,直通站前广场,与候车室要联系方便。

3. 行包房

行包房是为旅客办理行包承运、保管、中转、交付手续的场所,包括行李包裹的托运、提取处和行包仓库两部分。行包房应有防火、防盗、防水、防鼠、安全消防设施设备,配备安全检查仪、电子衡器、装卸搬运机具和维修、包装工具及材料(图 3-30)。

图 3-30　南宁东站行包房

(资料来源:法制生活网,2018 年 1 月 17 日)

4. 问讯处

问讯处是解答旅客问讯的处所。三等以上车站应设置专门的问讯处，其位置应在站内较明显的地方，并靠近售票处。在客流比较集中的大站可设多个问讯处，或设电话问讯、电子信息查询等设备(图3-31)。

图3-31　问讯处

(资料来源:法制生活网,2018年1月17日)

科普专项3　高铁屋盖系统

一、直立锁边屋面系统

1. 构造原理

高铁站房及雨棚的直立锁边屋面系统是通过带肋的金属板互相咬合,从而达到防水目的的一种新型、先进的屋面系统。金属板可以是铝镁锰合金板,也可以是镀铝锌钢板。其主要结构形式是:首先将"T"形固定支座(一般为铝合金材质)固定在主结构檩条上,然后将屋面防水板扣在固定座的梅花头上,最后用电动直立锁边机将屋面板的搭接扣边咬合在一起。

2. 构造形式

直立锁边屋面系统通常有经典一型、经典二型、经典三型三种构造形式（图 3-32 至图 3-34）。

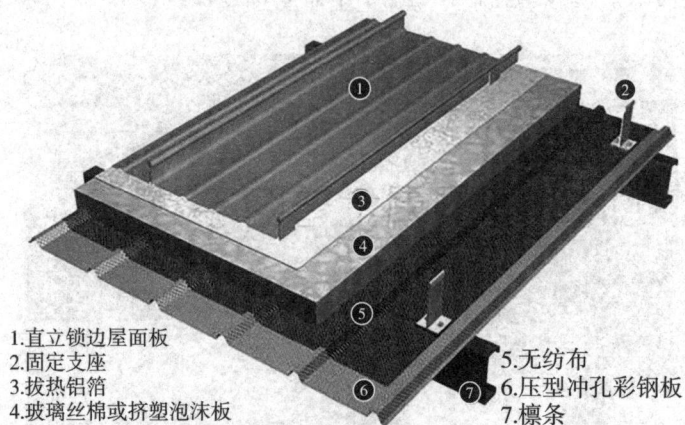

1.直立锁边屋面板
2.固定支座
3.拔热铝箔
4.玻璃丝棉或挤塑泡沫板
5.无纺布
6.压型冲孔彩钢板
7.檩条

图 3-32　直立锁边经典一型屋面系统

（资料来源：北方网，2017 年 6 月 8 日）

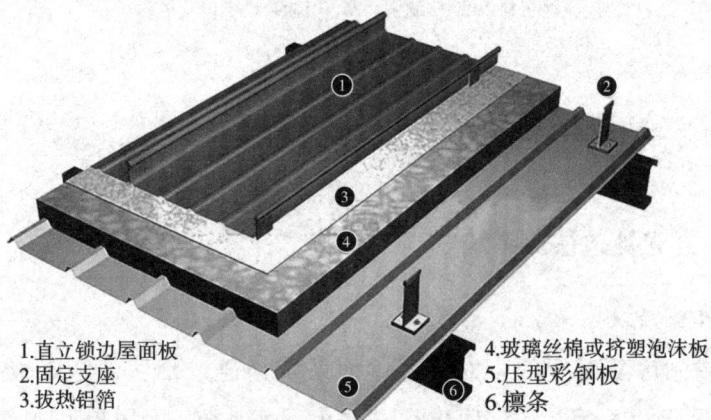

1.直立锁边屋面板
2.固定支座
3.拔热铝箔
4.玻璃丝棉或挤塑泡沫板
5.压型彩钢板
6.檩条

图 3-33　直立锁边经典二型屋面系统

（资料来源：北方网，2017 年 6 月 8 日）

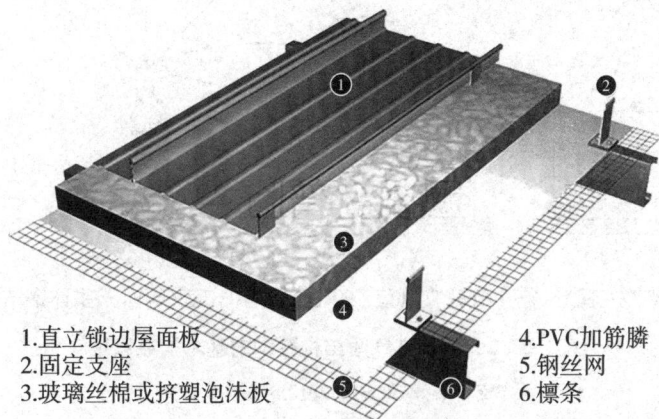

1. 直立锁边屋面板   4.PVC加筋膜
2. 固定支座   5.钢丝网
3. 玻璃丝棉或挤塑泡沫板   6.檩条

图3-34 直立锁边经典三型屋面系统

(资料来源:北方网,2017年6月8日)

二、ETFE 充气膜系统

ETFE 的中文名为乙烯-四氟乙烯共聚物,厚度通常小于0.2毫米,是一种透明膜材。ETFE 本身具有很好的化学稳定性,不需要任何其他的面层保护。

ETFE 充气膜结构技术的基本构成原理,是将两层的 ETFE 膜材通过热熔焊接复合到一起,形成封闭的袋子——气枕,其周边夹持在铝合金的边框内,边框(又称夹具)固定在建筑主体结构上。在气枕内,通过预留的阀门,充入经过过滤及除湿处理的清洁干燥的空气,就形成了能够抵御外部荷载的具有很好的保温性能的围护结构(图3-35)。

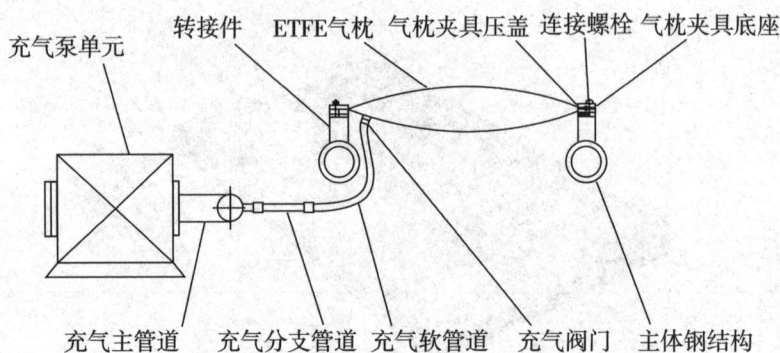

图3-35　ETFE 充气膜结构技术的基本构成原理

（资料来源:北方网,2017 年 6 月 8 日）

科普专项 4　高铁玻璃与石材幕墙

一、玻璃幕墙

高铁客站的玻璃幕墙,由支承结构体系与面层玻璃组成,可相对主体结构有一定位移能力但不分担主体结构所承受的荷载,属于建筑围护结构或装饰构件。

1.玻璃幕墙的结构形式

按照支承结构体系的不同方式,高铁客站站房的玻璃幕墙在结构形式上可分为以下几种:

(1)明框玻璃幕墙。用钢骨架作为支承结构,通过金属连接件和紧固件将面玻璃牢固地固定在它上面,钢结构骨架露出玻璃面。

(2)隐框玻璃幕墙。通过金属连接件及紧固件将面层玻璃固定在钢骨架支承结构上,钢骨架不外露。

(3)全玻璃结构式玻璃幕墙。通过连接件及紧固件将玻璃支承结构与面玻璃连成整体,形成建筑围护结构。

(4)拉杆(索)结构式玻璃幕墙。采用不锈钢拉杆或用与玻璃分缝相对应拉索作为幕墙的支承结构,玻璃通过金属连接件或紧固件与其固定。

　　图 3-36 为广州南站外围,采用的是全明框玻璃金属支承结构式玻璃幕墙。其玻璃采用 10 毫米(Low-E)+12A+10 毫米厚钢化中空玻璃,东西面落客平台出入口位采用 12 毫米+1.52 PVB +12 毫米钢化夹胶玻璃,外露钢型材表面为氟碳喷涂,不外露铝型材表面处理为热浸锌。

图 3-36　广州南站全明框支承结构式玻璃幕墙

(资料来源:北方网,2017 年 6 月 8 日)

2. 玻璃幕墙的玻璃材料及要求

　　玻璃幕墙面层玻璃材料主要采用钢化玻璃、钢化夹层玻璃、钢化中空玻璃、釉面玻璃等(图 3-37、图 3-38),这些材料具有各自的特点,如表 3-4 所示。

图 3-37　钢化玻璃

(资料来源:北方网,2017 年 6 月 8 日)

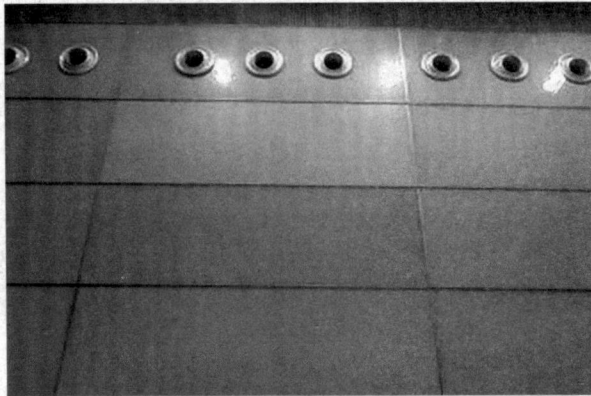

图 3-38　釉面玻璃

(资料来源:北方网,2017 年 6 月 8 日)

表 3-4　幕墙玻璃材料及其特点

幕墙玻璃种类	材料制作原理及特点	维护要点	使用位置
钢化玻璃	原理:对玻璃进行钢化热处理制成 特点:钢化玻璃的抗弯强度比普通平板玻璃大 4~5 倍;钢化玻璃不能切割,钢化玻璃更换必须通过下料定做	玻璃周边应用硅酮结构密封胶密封;防止碰撞玻璃,特别是玻璃边角部位	站房幕墙、站台护栏、楼梯扶手等位置
钢化夹层玻璃	原理:两片或多片钢化玻璃用一层或多层聚乙烯醇缩丁醛树脂(PVB)内夹层粘在一起制成 特点:钢化夹层玻璃一旦爆裂后不会立即散落,玻璃碎片会牢固粘在内夹层里	玻璃周边应用硅酮结构密封胶密封;防止碰撞玻璃,特别是玻璃边角部位	电梯围护玻璃、站台护栏、楼梯扶手等

续表3-4

幕墙玻璃种类	材料制作原理及特点	维护要点	使用位置
钢化中空玻璃	原理:由两片,有时三片玻璃,通过边缘处的间隔条和密封胶相互连接而成 特点:钢化中空玻璃中间空气层可以起到保温隔热的效果	玻璃周边应用硅酮结构密封胶密封;防止碰撞玻璃,特别是玻璃边角部位	站房幕墙
釉面玻璃	原理:在切裁好的玻璃表面上涂敷一层彩色的易熔釉料,经烧结、退火或钢化等处理工艺,使釉层与玻璃牢固结合,制成具有美丽色彩或图案的玻璃 特点:装饰性强,具有良好的耐候性,能够抵抗紫外线、雨水和温度,易清洁,无毒无害还可回收利用	玻璃边角用金属条等防护;防止碰撞玻璃,特别是玻璃边角部位	站房内墙面装饰面层

二、石材幕墙

干挂石材幕墙是建筑外墙的一种施工工艺,该工艺是利用钢骨架及连接件,将大理石、花岗石等饰面石材直接固定在建筑结构的表面,石材与结构之间留出60~80毫米的空腔,石材与石材之间留出6~10毫米板缝,板缝用密封胶密封处理。

1. 干挂石材幕墙结构形式

干挂石材幕墙的结构主要是由石板材支承结构和石材面板组成的,其结构形式主要分为三种:背栓式、小单元式、托板式(图3-39、3-40、3-41)。

(1)背栓式。石材背面采用不锈钢胀栓连接,通过挂件、转接件固定在幕墙支承结构龙骨上,龙骨之间、龙骨与转接件及挂件之间的连接均采用螺接方式。

（2）小单元式。采用铝合金型材与石材板块复合在一起,整体挂接到幕墙龙骨上,挂件与托件均采用铝合金型材,挂件系统与龙骨之间可实现三维调整,保证安装精度及立面平整度。

（3）托板式。石材安装采用在石材上开槽的方式,用不锈钢托板完成石材的定位,石材端面开槽可在地面加工完毕,托板与槽口间塞胶垫,并施环氧树脂胶,由于石材重量完全由托板承受,故选用不锈钢材质,提高其长时间的抗锈性能。

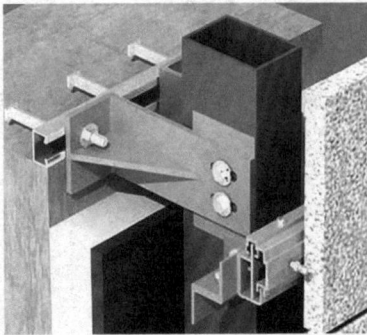

图 3-39　背栓式支承石材幕墙

（资料来源:北方网,2017 年 6 月 8 日）

图 3-40　小单元式支承石材幕墙

（资料来源:北方网,2017 年 6 月 8 日）

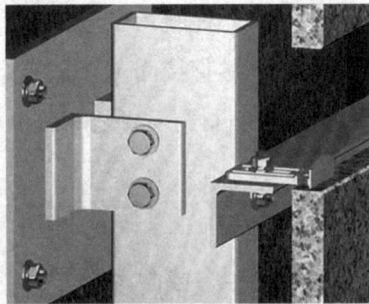

图 3-41　托板式支承石材幕墙

（资料来源:北方网,2017 年 6 月 8 日）

2. 干挂石材幕墙材料及要求

干挂石材幕墙的石材板支承结构分为固定在墙体基面上的支承结构和挂件,利用挂件将石材面板固定在支承结构上。固定在墙体基面上的支承结构一般采用钢龙骨,挂件的材质主要有铝合金及不锈钢。石材面板的材料有大理石、花岗石等饰面石材。

以广州南站为例,干挂石幕墙主要分布在贵宾礼仪门厅、次门厅、走廊、商务贵宾候车室走廊(图 3-42),幕墙面板均采用 25 ~ 30 毫米厚磨光花岗石板,用角磨机在板边切槽,固定于不锈钢插片式连接件上,插片与石材间连接处用云母胶填补密实石板,四周接缝宽 6 ~ 8 毫米,用弹性密封胶封严。

图 3-42 广州南站石材幕墙

(资料来源:北方网,2017 年 6 月 8 日)

科普专项5 高铁给排水系统

高铁站房常见的给水方式有两种:直接给水方式与变频调速给水方式。直接给水方式不设增压及贮水设备,室内给水管道系统及室外供水管网直接相连,利用室外管网压力直接向室内供水,这是一种最简单、经济的给水方式。变频调速给水方式是利用变频泵根据给水系统中的流量变化做出相应的水泵转速变化,从而保持给水系统中的给水压力,并达到节能的目的(图 3-43)。

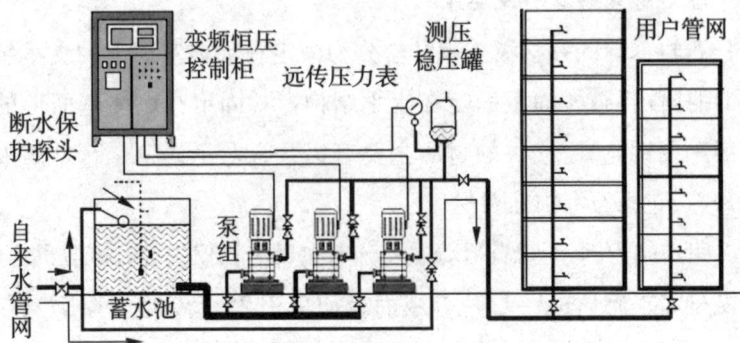

图3-43　变频恒压供水设备工作示意图

（资料来源：国家知识产权局网站，2019年4月6日）

高铁站房常见的排水方式也有两种：重力排水方式与压力排水方式。重力排水方式是直接利用水由高处往低处自然流动进行排水；压力排水方式是利用水泵提升或者大气压力使水由压力大的一边流向压力小的一边进行排水。虹吸排水正是压力排水中较为典型的排水方式（图3-44）。

图3-44　虹吸排水

（资料来源：国家知识产权局网站，2019年4月6日）

目前，屋面雨水排水通常采用的方式为重力式排水系统。这是经几十年沿用下来的传统方式。该排水系统主要利用屋面雨水本身的重力作用由屋面雨水斗经排水管道自流排放。

专题十 》》 磁悬浮列车

科普专项 1　磁悬浮铁路及列车

　　人类旅行的整个速度范围内存在着不同的运输方式。公路速度一般是 50～100 千米/时；铁路速度一般为 100～300 千米/时；航空速度则为 500～1 000 千米/时。随着目前高速铁路的发展，虽然速度有所提高，但传统铁路无法摆脱地面摩擦阻力对运动速度的约束。因此，在铁路与航空之间存在着一个空白段。长期以来人们就在思索如何弥补铁路和飞机之间的差距，而磁悬浮铁路则是当今世界上引人注目并很有发展前途的高速路上运输系统(图 3-45)。

图 3-45　磁悬浮列车

(资料来源：百度百科，2015 年 4 月 6 日)

　　磁悬浮铁路与传统铁路有着截然不同的区别和特点。在磁悬浮铁路上运行的列车(图 3-46)，是利用电磁系统产生的吸引力或排斥力将车辆托起，使整个列车悬浮在导轨上，利用电磁力进行导向，使用直线电机将电能直接转换成推进力而推动列车前进的。

　　磁悬浮列车由于其轨道的磁力使之悬浮在空中,减少了摩擦力,行走时不同于其他列车需要接触地面,只受来自空气的阻力,成为"无轮"列车,高速磁悬浮列车的速度可达每小时 400 千米及以上,中低速磁悬浮则多数在 100～200 千米/时。

　　虽然轮轨型高速铁路的列车轮子和轨道是接触的,但这不是高速铁路和高速列车的基本特征,高速铁路也包含使用磁悬浮技术的高速轨道运输系统,因此,高速磁悬浮列车也是高速列车,但是中低速磁悬浮列车不属于高速列车。

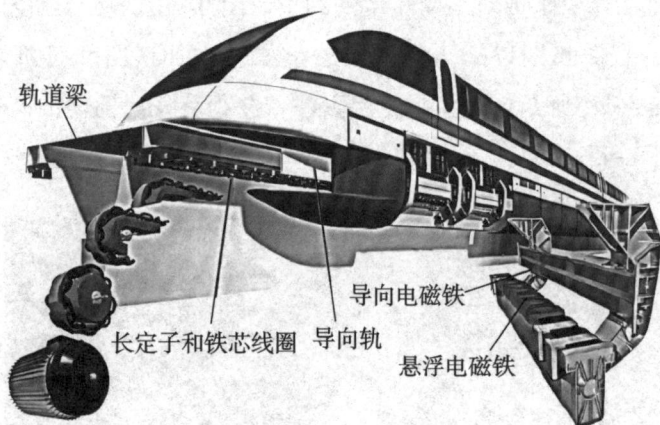

图 3-46　磁悬浮列车

(资料来源:搜狐网,2020 年 4 月 28 日)

科普专项2　磁悬浮列车发展历程

　　磁悬浮是利用悬浮磁力使物体处于一个无摩擦、无接触悬浮的平衡状态,磁悬浮看起来简单,但是具体磁悬浮悬浮特性的实现却经历了一个漫长的岁月。磁悬浮技术原理是集电磁学、电子技术、控制工程、信号处理、机械学、动力学为一体的典型的机电一体化高新技术。伴随着电子技术、控制工程、信号处理元器件、电磁理论及新型电磁材料的发展和转子动力学的进一步研究,磁悬浮随之解开了其神秘的面纱。

一、国际发展历程

1842 年,英国物理学家 Earnshaw 提出了磁悬浮的概念,同时指出:单靠永久磁铁是不能将一个铁磁体在所有六个自由度上都保持在自由稳定的悬浮状态。

1900 年初,美国、法国等专家曾提出物体摆脱自身重力阻力并高效运营的若干猜想——磁悬浮的早期模型,并列出了无摩擦阻力的磁悬浮列车使用的可能性。然而,由于当时科学技术以及材料的局限性,磁悬浮列车只处于猜想阶段,未提出一个切实可行的办法来实现这一目标。

1937 年,德国的赫尔曼·肯佩尔申请了磁悬浮列车专利。

20 世纪 60 年代,世界上出现了 3 个载人的气垫车实验系统,它是最早对磁悬浮列车进行研究的系统。随着技术的发展,特别是固体电子学的出现,使原来十分庞大的控制设备变得十分轻巧,这就给磁悬浮列车技术提供了实现的可能。1969 年,德国牵引机车公司的马法伊研制出小型磁悬浮列车系统模型,以后命名为 TR01 型,该车在 1 千米轨道上时速达 165 千米,这是磁悬浮列车发展的第一个里程碑。

1966 年,美国科学家詹姆斯·鲍威尔和戈登·丹比提出了第一个具有实用性质的磁悬浮运输系统。

20 世纪七八十年代,磁悬浮列车系统继续在德国蒂森亨舍尔测试和实施运行。德国开始命名这套磁悬浮系统为"磁悬浮"(图 3-47)。

20 世纪 70 年代以后,随着世界工业化国家经济实力的不断增强,为提高交通运输能力以适应其经济发展的需要,德国、日本、美国、加拿大、法国、英国等发达国家相继开始筹划进行磁悬浮运输系统的开发。

在制造磁悬浮列车的角逐中,日本和德国是两大竞争对手。1994 年 2 月 24 日,日本的电动悬浮式磁悬浮列车,在宫崎一段 74 千米长的试验线上,创造了时速 430 千米的日本最高纪录。1999 年 4 月,日本研制的超导磁悬浮列车试实验线达到时速 550 千米(中央新干线)(图 3-48)。德国经过 20 年的努力,技术上已趋成熟,已具有建造运营线路的水平。原计划在汉堡和柏林之间修建第一条时速为 400 千米的磁悬浮铁路,总长度为 248 千米,

2003 年正式投入营运,但由于资金计划和辐射健康问题,2002 年宣布停止了这一计划。

图 3-47　德国磁悬浮列车模型图

(资料来源:同花顺财经,2014 年 05 月 13 日)

图 3-48　日本磁悬浮新干线

(资料来源:百度百科,2017 年 10 月 3 日)

2009 年,国内外研究的热点是磁悬浮轴承和磁悬浮列车,而应用最广泛的是磁悬浮轴承。它的无接触、无摩擦、使用寿命长、高精度等特殊的优点引起世界各国科学界的特别关注,国内外学者和企业界人士都对其倾注了极大的兴趣和研究热情。

2015 年,日本 LO 型磁悬浮列车刷新了磁悬浮列车的世界纪录,达到时速 603 千米。

二、中国发展历程

1986 年,西南交通大学率先召开了磁浮技术与磁浮列车技术研究大会,成为国内较早启动该领域研究的高校科研单位。

1988 年,西南交大磁浮团队完成了单自由度铁球悬浮实验,对电磁吸力悬浮原理有了本质的认识。

1989 年 3 月,国防科技大学研制出中国第一台磁悬浮试验样车。

1990 年,西南交大磁浮团队成功研究了由 4 台小电磁铁构成的磁浮模型车,并实现了模型车的稳定悬浮和基于直线电机的驱动。

1994 年 10 月,连级三教授带领的研究团队成功地研制出了我国第一辆可载人 4 吨磁浮车及其试验线,并实现了系统的稳定悬浮与运行,这是我国在磁浮列车领域的首次突破,标志着我国开始拥有自主知识产权的磁浮列车技术。该项目 1996 年通过科技成果鉴定,并获该年度铁道部科技进步二等奖和 1997 年度国家科技进步三等奖。

1995 年,中国第一条磁悬浮列车试验线在西南交通大学建成,并且成功进行了稳定悬浮、导向、驱动控制和载人运行等时速为 30 千米的试验。西南交通大学这条试验线的建成,标志着中国已经掌握制造磁悬浮列车的技术。

1997 年 3 月,青城山磁浮车工程试验线的可行性研究通过国家科委工业科技司组织的专家评审。

1998 年,青城山磁浮列车工程试验示范线工程立项,并开始筹备建设青城山磁浮列车工程试验线。

2001 年,开始动工修建长 430 米的青城山磁浮列车工程试验线(图 3-49)。

2005 年,西南交通大学与上海磁浮交通工程技术中心签订了上海城轨磁浮列车车辆总体设计合同,并于次年 3 月又签订了上海低速(城轨)磁浮交通试验线工程悬浮控制设备供货及服务合同,全面参加上海城轨磁浮试验线磁浮列车研制。该试验列车为三节编组,为全新结构设计并创下多个"首次":国内首次采用整体电磁铁结构,首次采用五悬浮架结构,首次采用DC330V悬浮电源,首次采用三选二悬浮传感器,列车最高运行速度100千米/时(图3-50)。

图3-49 青城山磁悬浮列车

(资料来源:搜狐新闻,2006年5月1日)

图3-50 上海磁悬浮示范运营线列车

(资料来源:百度百科,2006年5月1日)

2008年和2009年,西南交通大学又与中国南车股份有限公司签订中低速磁浮交通系统方案设计研究合同(图3-51),与南车株洲电力机车有限公司签订中低速磁浮列车方案设计研究合同。攻关中,西南交大团队在系统设计首次提出了适用于中国国情的1 860毫米轨距和2 800毫米车宽。这标志着西南交通大学在联合企业推进中低速磁浮列车产业化的工作又迈进了一步。

图3-51　西南交大参与研制的中国南车中低速磁浮列车

(资料来源:科技日报,2015年12月27日)

为进一步推动中低速磁浮列车工程化,西南交大与南车株洲电力机车有限公司于2011年又签订了常导短定子异步驱动悬浮架试验车悬浮控制系统研制和常导短定子异步驱动中低速磁浮列车系统设计与试验研究合同;于2011年签订了常导短定子异步驱动中低速磁浮列车悬浮控制系统设计与试验研究合同,全面参加了株洲中低速磁浮列车的研制。

2012年1月20日,中低速磁浮列车在南车株洲电力机车有限公司内下线,这是一条按商业运行条件设计的磁浮列车及试验线路,磁浮列车运行速度100千米/时,能适应试验线各种曲线及坡道的要求。

2013年,由钱清泉院士牵头的中国工程院"中低速磁浮交通技术与系统发展战略研究"项目立项,项目研究汇聚国内磁浮领域的院士专家,包括电气工程学院和牵引动力国家重点实验室相关专家教授,对我国中低速磁浮交通的发展战略进行了深入研究,论证了我国发展中低速磁浮必要性和战略意义,进一步推动了长沙中低速磁浮工程应用线的建设。

　　2015 年 12 月 26 日,试运行的长沙高铁南站至黄花机场的 18.55 千米"长沙磁浮快线"(图 3-52)采用了此前西南交大与南车株洲电力机车有限公司研制的中低速磁浮列车系统技术,该列车悬浮系统核心技术由西南交通大学提供。

图 3-52　长沙磁浮快线

(资料来源:百度百科,2015 年 12 月 27 日)

　　上海磁浮列车(图 3-53)是服务于中国上海市的磁浮系统。2001 年 1 月,上海磁浮列车工程项目启动;3 月 1 日,上海磁浮列车示范运营线工程举行开工仪式;9 月,上海磁浮列车工程进入技术攻坚关键性阶段;11 月,上海磁浮列车龙阳路站架梁成功。2002 年 2 月,上海磁浮列车系统设备安装全面展开;7 月,上海磁浮列车进行系统调试,轨道梁制作完成;8 月,上海磁浮列车首批三节车厢运抵上海;9 月,首列上海磁浮列车上线参加综合调试;11 月 2 日,上海磁浮列车示范运营线首根轨道梁起运;12 月 31 日,上海磁浮列车示范运营线举行了通车典礼。2003 年 10 月 11 日,上海磁浮列车示范运营线开始开放运行。2004 年 1 月 29 日,上海磁浮列车示范运营线开始全天对外试运行。2006 年 4 月 27 日,上海磁浮列车示范运营线正式投入商业运营。2007 年 4 月 26 日,上海磁浮列车示范运营线通过国家验收。截至 2017 年 9 月 5 日,上海磁浮列车总计运输乘客 5 000 万人次、安全运行 1 688 万千米。

中国航天科工集团于2017年正式布局并积极推进高速飞车工程,几年来扎实推进关键技术攻关,不断取得新突破。2019年5月,时速600千米高速磁悬浮试验样车下线。同年9月,时速600千米高速磁悬浮列车牵引动力核心关键部件发布。2020年6月,时速600千米高速磁悬浮试验样车成功试跑。2021年,时速1 000千米磁悬浮高速飞车试验线开建。

图3-53　上海磁悬浮列车

(资料来源:同花顺财经,2014年5月13日)

科普专项3　全球五条商业运营的磁悬浮列车线路

目前全球有五条商业运营的磁悬浮列车线路,上海磁悬浮示范运营线是世界上唯一的商业运营的磁悬浮列车高速线路(通常指时速大于250千米),另外四条是中低速磁悬浮列车线路,它们是长沙市的长沙磁悬浮快线、北京地铁S1线、日本爱知县的东部丘陵线和韩国仁川广城市的仁川机场磁悬浮线。

高速磁悬浮列车的最高时速可达到500千米,适用于远距离城市间交通;而中低速磁悬浮列车的时速在100～120千米,适用于城市内、近距离城市间及旅游景区的交通连接。

一、上海磁悬浮示范运营线

上海磁浮线是世界上第三条投入商业运营及目前唯一运营的高速磁悬浮列车线路。线路于 2002 年 12 月 31 日启用,西起龙阳路站,东到上海浦东国际机场站,主要满足浦东机场和市区的大运量高速交通需求(图 3-54)。

图 3-54　上海磁浮线

(资料来源:百度文库,2021 年 1 月 27 日)

线路正线全长约 30 千米,双线上下折返运行,单线运行时间约 8 分钟,设计最高运行速度为每小时 430 千米,是世界上速度最快的商业运营列车线路。

目前,磁浮线的运营时间为每日早上 6 点 45 分至晚上 9 点 30 分,发车间隔为 15 分钟。普通的单程车票为 50 元人民币,如果旅客手持机票或公交卡,则享受减免 20% 的优惠价格。对于送客的乘客,购买往返票票价为 80 元。列车贵宾车厢票价为单程票 100 元人民币,往返票为人民币 160 元。此外还有磁浮线多次卡销售,票价为 900 元 30 次(相当于单次打 6 折)。

二、日本爱知东部丘陵线

东部丘陵线是连接爱知县名古屋市名东区的藤之丘站与爱知县丰田市的八草站的磁浮路线。该路线大致上沿着爱知县道 6 号力石名古屋线来铺设,藤之丘站至花水木通站月台中央之区间为地下路线,在花水木通站附近改为地面行驶,以东的区间为高架路线,最高时速 100 千米(图 3-55)。

图 3-55 日本爱知东部丘陵线

(资料来源:百度文库,2021 年 1 月 27 日)

平常除了在藤之丘站、爱·地球博纪念公园站、八草站皆有站务员配置外,该路线其他车站均设有站务室,在有活动举办等之时,会临时加派站务员进行服务。

爱知磁悬浮本身仅为 2005 年爱知世博会所建,选线远离爱知人口稠密地带。线路原计划在世博会后服务于爱知大学城,然而由于大学城各高校招生数量低于预期,致使线路在世博会后因客流不足迅速陷入巨额亏损。此外,由于爱知东部丘陵线采用的常温超导磁悬浮系统与 JR(日本铁路公司)、名古屋等地铁的钢轮钢轨系统完全不兼容,无法实现列车直通运营。又因东部丘陵线和东山线在藤丘车站的换乘较为烦琐不便,导致系统与其他轨道交通系统联系不足。

三、仁川机场磁悬浮

仁川机场磁悬浮线是一条连接韩国仁川国际机场 1 号航站楼与龙游站的磁悬浮列车路线,于 2016 年 2 月 3 日开通。仁川机场磁悬浮全程 6.1 千米,最高时速 80 千米,全程需要 15 分钟(图 3-56)。

列车采用 EK10、EK20 列车, EK10 和 EK20 列车共有四节, EK10 列车的造型为"蝴蝶飞舞, 龙游归来", EK20 列车的造型为"成山复兴"。列车最多可容纳 230 人, 从仁川国际机场始发, 经停长期停车场、合同厅舍、百乐达斯城、水上公园, 最后到达龙游。

图 3-56 仁川机场磁悬浮

(资料来源:百度文库,2021 年 1 月 27 日)

仁川位于以首尔为中心的韩国首都圈, 这一地区四通八达的轨道交通组成了韩国的"首都圈电铁"。韩国首都圈电铁网络的 23 条线路中, 仁川的磁悬浮可以说是体验起来最麻烦的一条。因为它处于全网的最西端, 只和机场铁路有一个换乘站。并且和上海磁悬浮相比, 仁川机场磁悬浮停靠站点多, 速度慢, 习惯了上海磁悬浮的朋友难免觉得仁川机场磁悬浮太不给力了。

四、长沙磁悬浮

长沙磁浮快线是中国第一条具有自主知识产权的中低速磁浮交通线路。该工程线路西起长沙南站, 东至长沙黄花国际机场, 正线全长约18.7 千米, 全部采用高架铺设。长沙磁悬浮于 2016 年 5 月 6 日投入载客试运营, 采用磁浮列车 3 辆编组, 最大载客量为 363 人, 设计最高速度可达100 千米/时, 从长沙南站至长沙黄花国际机场 T2 航站楼全程运行只需19 分 30 秒(图 3-57)。

图 3-57　长沙磁悬浮

（资料来源：百度文库，2021 年 1 月 27 日）

2020 年 6 月，长沙磁浮计划东延接入 T3 航站楼，东延线全线长约4.5 千米，其中高架约 0.2 千米，地下线约 4.3 千米。全线共设车站 2 座，均为地下站。2021 年 4 月 25 日，长沙磁浮快线东延工程正式开工建设。

东延线路由机场高速、临空大道路口东引出，至机场大道高架前入地。向东延伸至国际贵宾厅西南侧设 T2 站，之后接入 T3 航站楼设 T3 站，与在建 6 号线、规划 S2 线、10 号线、渝长厦高铁换乘。

五、北京地铁 S1 线

北京地铁 S1 线（图 3-58），又称北京磁浮线，是北京首条中低速磁浮线路，也是中国第二条中低速磁悬浮，于 2017 年 12 月 30 日开通。

北京地铁 S1 线起于金安桥站，途经石景山区、门头沟区，贯穿门头沟、石景山，止于石厂站，大致呈东西走向。线路全长 10.2 千米，其中高架线9 953 米，隧道段 283 米；共设置 8 座车站，全为高架站；采用标准 B 型列车。

北京地铁 S1 线站台配合沿线生态环境，设计成了"一站一景"。石厂站大厅的"莲花"造型，金安桥站大厅的"红叶"造型都与站台附近景点相映。

在 2018 年 12 月 30 日之前，S1 线处于脱网运行状态，不能换乘其他任何线路。直至 2018 年 12 月 30 日，6 号线西延段开通，金安桥站成为 S1 线与

6 号线的换乘站,S1 线的脱网状态结束。

图 3-58　北京地铁 S1 线

（资料来源:百度文库,2021 年 1 月 27 日）

科普专项 4　世界上速度最快的磁悬浮列车

　　2016 年 10 月 21 日,JR 东海公司在山梨磁悬浮试验线进行 LO 型磁悬浮新干线列车的高速运行试验,创造了载人运行时速 603 千米的世界纪录,而美国波音 747 客机的一般机型的巡航时速为 900 千米左右。LO 型磁悬浮新干线列车是由三菱重工业和日本车辆制造公司制造的,是计划投入往来于东京与大阪之间的中央新干线使用的高速列车(图 3-59)。

图 3-59　日本 LO 型磁悬浮新干线列车

（资料来源:日本通,2013 年 6 月 5 日）

这个试验是为确保耗资 470 亿美元的中央新干线能在 2027 年顺利开通。磁悬浮中央新干线的最高速度定为每小时 505 千米。磁悬浮中央新干线是 JR 东海公司于 2014 年 12 月 17 日开工建设的，线路将直接以隧道贯越日本南阿尔卑斯山，将东京（品川站）至名古屋之间 286 千米的距离连为一线，最快只需要 40 分钟即可到达，比沿太平洋海岸运行的东海道新干线（全程 88 分钟）时间缩短约一半。磁悬浮中央新干线的建设施工费用约为 5.5 万亿日元，全部由 JR 东海公司负担。磁悬浮中央新干线预计 2027 年通车运行。根据计划，2045 年"名古屋—大阪"段也将完工，这样东京到大阪 438 千米的距离只需要 67 分钟就能到达。

科普专项 5　磁悬浮列车优缺点

一、磁悬浮列车优点

（1）速度快。磁悬浮列车启动后数十秒内就能达到最高速度，目前的最高试验时速是日本 L0 型磁悬浮新干线列车跑出的 603 千米。磁悬浮列车的高速度使它在 1 000 至 1 500 千米的旅行距离中，比乘坐飞机更快捷、更方便。

（2）能耗低，污染少。由于没有轮子、无摩擦等因素，磁悬浮列车比目前最先进的轮轨型高速列车省电约 30%。在时速 400 千米时，磁悬浮高速列车人均运输能耗只有轿车的 1/2、飞机的 1/3。由于采用电力驱动，避免了烧煤、烧油给沿途环境带来的污染。

（3）震动小，噪声低，舒适性好。磁悬浮列车因为没有轮轨接触，震动小，噪声低，舒适性好。

（4）安全性好。磁悬浮列车按照飞机的防火标准配置设施。磁悬浮列车的车厢下端好像伸出了两排弯曲的手臂，将路轨抱住，防止列车出轨。列车运行的动力来自固定在路轨两侧的电磁流，同一区域内的电磁流强度相同，不可能出现几列列车运行速度不同或反向开行的现象，因此，列车不可能追尾或相撞。

（5）使用寿命长。磁悬浮列车的使用寿命可达 35 年,而普通轮轨型列车的寿命只有 20~25 年。磁悬浮列车路轨的寿命是 80 年,而普通铁路路轨的寿命只有 60 年。

（6）运行和维修成本低。磁悬浮高速列车的运行和维修成本大约是轮轨型高速列车的 1/4,路轨的维修费用也大为减少。

二、磁悬浮列车缺点

（1）不能变轨。磁悬浮列车不能变轨,不像轮轨型列车可以从一条轨道借助道岔进入另一条轨道,如果是两条轨道双向通行,一条轨道上的列车只能从一个起点驶向终点,到终点后,原路返回,而不像轮轨型列车可以换轨到另一轨道返回。

（2）需要有断电安全防护措施。磁悬浮列车是靠电磁力悬浮、导向和驱动的,一旦断电,需要采取安全防护措施。

（3）耗资巨大。上海段约 30 千米的线路设计投资为 1 000 亿元人民币。而德国的两条线路,一条 36.8 千米长,将耗资约 26 亿欧元;另一条长度78.9 千米,则将耗资 32 亿欧元。当然,实际施工中,根据地形、路面及设计运送能力的不同,造价也会相差较大。

科普专项6　磁悬浮列车类型

一、根据磁悬浮列车所采用的电磁铁的种类

（1）常导磁吸型。常导磁吸型磁悬浮列车以常导磁铁和导轨作为导磁体,用气隙传感器来调节列车与线路之间的悬浮间隙大小。一般情况下,其悬浮间隙大小在 10 毫米左右,这种磁浮列车的运行速度通常在 300~500 千米/时范围内,适合于城际及市郊的交通运输。

（2）超导磁斥型。超导磁斥型磁悬浮列车是利用超导磁铁和低温技术来实现列车与线路之间的悬浮运行的。其悬浮间隙大小一般在 100 毫米左右,这种磁浮列车在低速时并不悬浮,当速度达到 100 千米/时才悬浮起来。

它的最高运行速度可以达到 1 000 千米/时,当然其建造技术和成本要比常导磁吸型磁悬浮列车高得多。

二、按悬浮方式

(1)电磁吸引式悬浮。该方式利用导磁材料与电磁铁之间的吸引力实现悬浮,绝大部分悬浮采用此方式。

(2)永磁力悬浮。这是一种最简单的方案,它利用永久磁铁同极间的斥力实现悬浮,一般产生的斥力为 0.1 MPa。其缺点为存在横向位移的不稳定因素。

(3)感应力斥力悬浮。这种方式依靠励磁线圈和短路线圈的相对运动得到斥力,所以列车要有足够的速度才能悬浮起来,所需速度大约为 100 千米/时,不适用于低速。

三、按列车的驱动方式

(1)长转子、短定子异步直线电机驱动。这种电机的"定子"线圈安装在车辆的底部,"转子"线圈安装在轨道上,它适合于低速运行。

(2)长定子、短转子同步直线电机驱动。此方式是将电机的"转子"线圈装在车辆上,"定子"线圈装在轨道上,它适合于高速运行。

科普专项 7 磁悬浮列车三大系统

磁悬浮列车主要由悬浮系统、导向系统和推进系统三大部分组成。尽管可以使用与磁力无关的推进系统,但在目前的绝大部分设计中,这三部分的功能均由磁力来完成。

一、悬浮系统

磁浮有 3 个基本原理,具体为以下内容:

(1)当靠近金属的磁场改变时,金属上的电子会移动,并且产生电流。

(2)电流的磁效应。当电流在电线或一块金属中流动时,会产生磁场。

通电的线圈就成了一块磁铁。

(3)磁铁间会彼此作用,同极性相斥,异极性相吸。

那么,磁浮是如何作用的? 磁铁从一块金属的上方经过,金属上的电子因磁场改变而开始移动(原理1)。电子形成回路,所以接着也产生了本身的磁场(原理2)。图3-60以最简单的方式来表达这个过程,移动中的磁铁使金属中出现一块假想的磁铁。这块假想磁铁具有方向性,原因是同极性相斥,因此会对原有的磁铁产生斥力。也就是说,如果原有的磁铁是北极在下,假想磁铁则是北极在上;反之亦然。因为磁铁的同极相斥(原理3),让磁铁在一块金属上方移动,结果会对移动中的磁铁产生一股往上推动的力量。如果磁铁移动得足够快,这个力量会大得足以克服向下的重力,举起移动中的磁铁。所以当磁铁移动时,会使得自己浮在金属上方,并靠着本身电子移动产生的力量保持浮力。这个过程就是所谓的磁浮,这个原理可以适用在列车上。

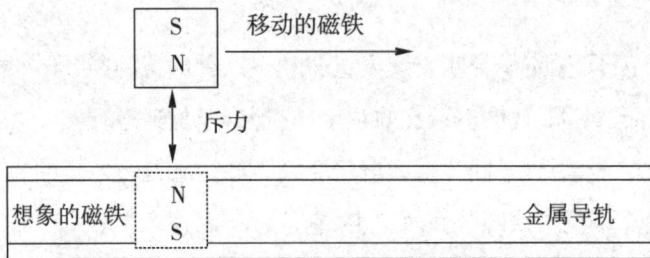

图3-60 悬浮原理

(资料来源:百度百科,2018 年 6 月 4 日)

二、导向系统

磁悬浮列车利用电磁力的作用进行导向。现按常导磁吸式和超导磁斥式两种情况简述如下。

(1)常导磁吸式的导向系统与悬浮系统类似,是在车辆侧面安装一组专门用于导向的电磁铁。车体与导向轨侧面之间保持一定间隙。当车辆左右偏移时,车上的导向电磁铁与导向轨的侧面相互作用,使车辆恢复到正常位置。控制系统通过对导向磁铁中的电流进行控制来保持这一侧向间隙,从而达到控制列车运行方向的目的。

(2)超导磁斥式的导向系统可以采用以下3种方式构成:①在车辆上安装机械导向装置实现列车导向。这种装置通常采用车辆上的侧向导向辅助轮,使之与导向轨侧面相互作用(滚动摩擦)以产生复原力,这个力与列车沿曲线运行时产生的侧向力相平衡,从而使列车沿着导向轨中心线运行。②在车辆上安装专用的导向超导磁铁,使之与导向轨侧向的地面线圈和金属带产生磁斥力,该力与列车的侧向作用力相平衡,使列车保持正确的运行方向。这种导向方式避免了机械摩擦,只要控制侧向地面导向线圈中的电流,就可以使列车保持一定的侧向间隙。③利用磁力进行导引的"零磁通量"导向系铺设"8"字形的封闭线圈。当列车上设置的超导磁体位于该线圈的对称中心线上时,线圈内的磁场为零;而当列车产生侧向位移时,"8"字形的线圈内磁场为零,并产生一个反作用力以平衡列车的侧向力,使列车回到线路中心线的位置。

三、推进系统

磁悬浮列车推进系统最关键的技术是把旋转电机展开成直线电机。它的基本构成和作用原理与普通旋转电机类似,展开以后,其传动方式也就由旋转运动变为直线运动。直线电机又分为短定子异步直线电机和长定子同步直线电机两种形式。

短定子异步直线电机牵引方式是在车上安装三相电枢绕组、牵引变压器及变流器等全套牵引装置,轨道上安装感应轨作为转子,车辆一般采用接触受流的方式从地面供电系统获取动力电源。这种方式结构比较简单,容易维护,造价低,适用于中低速城市运输及近郊运输以及作为短程旅游线系统;主要缺点是功率偏低,效率低,不利于高速运行。中国的长沙机场线与北京地铁S1线磁悬浮列车,以及日本的HSST型磁悬浮列车都采用这种推进方式。

超导磁斥式磁悬浮采用长定子同步直线电机,其超导电磁体安装在车辆上,在轨道沿线设置无源闭合线圈或非磁性金属板。作为磁浮装置的超导电磁线圈的采用,为直线同步电机的激磁线圈处于超导状态提供了方便条件。它们可以共存于同一个冷却系统,或者同一线圈同时起到悬浮、导向和推进的作用(图3-61)。

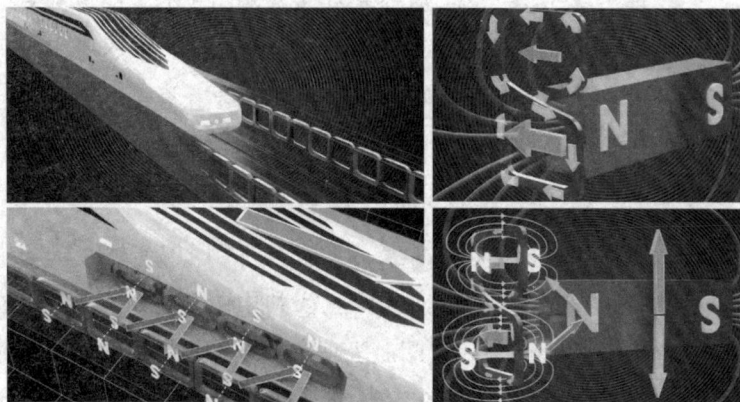

图3-61 超导磁斥式磁悬浮原理

(资料来源:科学网,2013年3月4日)

德国TR系列高速磁浮是在轨道上全线铺设上定子线圈(称为长定子),车辆上的悬浮磁铁同时作为直线电机的转子,而所有的牵引供变电、变流控制、开关控制等设备均设在地面上。考虑到定子线圈的电能损耗、反电势等因素,将线路上定子线圈划分了多个区间(称为牵引分区),每个牵引分区均设有完整的牵引供变电系统。仅有列车行经区间的地面牵引系统在工作,列车在跨分区时相邻的牵引分区间进行自动交接。为减少地面牵引设备的数量,牵引分区的长度要尽可能长(可长达30～50千米),为进一步减少定子线圈的损耗,又将一个牵引分区划分为多个更短的定子段(通常为数百至1 600多米),各个定子段通过地面的开关站控制是否接通牵引电流,这样一个牵引分区内仅列车所在的定子段是供电的。为减少列车在段间切换时的冲动,将轨道左右两侧的定子段切换点相互错开,这样就保证了同一时刻左右两侧至少一侧定子段是通电工作的。长定子直线电机的优势是牵引功率大、效率比短定子更高,能够实现更高的牵引速度。其缺点是地面设备多,系统复杂,工程造价高。但长定子直线电机是高速和超高速磁浮的必然选择。

科普专项8 磁悬浮列车悬浮与制动原理

　　磁悬浮列车是一种靠磁悬浮力来推动的列车,是利用同性相斥、异性相吸的原理,让磁铁具有抗拒地心引力的能力,使车体完全脱离轨道,悬浮在距离轨道约1厘米处腾空行使。

　　我国第一辆磁悬浮列车买自德国,于2003年1月在上海磁悬浮线运行,2015年10月,我国首条磁悬浮线路——长沙磁悬浮线成功试跑。

　　磁悬浮列车的制动原理:在位于轨道两侧的线圈里流动的交流电,能将线圈变为电磁体。由于它与列车上的超导电磁体的相互作用,就使列车开动起来。列车前进是因为列车头部的电磁体(N极)被安装在靠前一点的轨道上的电磁体(S极)所吸引,并且同时又被安装在轨道上稍后一点的电磁体(N极)所排斥。在线圈里流动的电流流向会不断反转过来。其结果就是原来的S极线圈,现在变为N极线圈了;反之亦然。这样,由于电磁极性的转换,使列车得以持续向前奔驰(图3-62)。

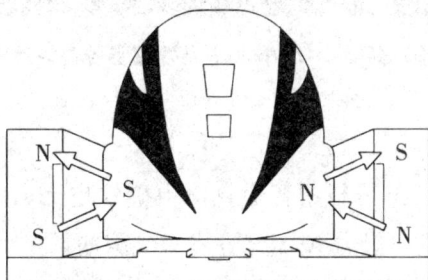

图3-62　磁悬浮列车制动原理

(资料来源:科学网,2021年6月18日)

　　磁悬浮技术的系统是由转子、传感器、控制器和执行器4部分组成,其中执行器包括电磁铁和功率放大器两部分。假设在参考位置上,转子受到一个向下的扰动,就会偏离其参考位置,这时传感器检测出转子偏离参考点的位移,作为控制器的微处理器将检测的位移变换成控制信号,然后功率放大器将这一控制信号转换成控制电流,控制电流在执行磁铁中产生磁力,从而驱动转子返回到原来的平衡位置。因此,无论转子受到向下还是向上的扰动,转子始终能处于稳定的平衡状态。

科普专项9　常导型磁悬浮列车运作原理

　　根据磁铁"异性相吸"的原理制成的磁悬浮列车,称为常导型磁悬浮列车,以德国 Transrapid 列车为代表(图3-63),时速可达 400～500 千米,适合于城市间的长距离快速运输。

图3-63　德国 Transrapid 常导型磁悬浮高速单轨列车

(资料来源:搜狐网,2018 年 10 月 10 日)

　　常导型磁悬浮列车是利用普通直流电磁铁电磁吸力的原理将列车悬起,悬浮的气隙较小,一般为 10 毫米左右。气隙如果变小,吸力将加大,若不控制,气隙必将下降至零,列车则不能悬浮,而是贴靠钢轨迅速前行,那势必摩擦起火,烧毁车辆。所以常导型磁悬浮属不稳定系统,全靠灵敏控制器,才能保持悬浮。

　　Transrapid 常导型磁悬浮列车采用 EMS(electromagnetic suspension)电磁悬浮技术,在车辆底部安装有悬浮电磁铁和导向电磁铁,车辆底部的悬浮电磁铁和导向电磁铁朝向导轨。悬浮电磁铁与"T"形导轨两侧的普通电动机通电线圈发生磁铁吸引力,使列车悬浮。就像磁铁吸引铁片一样,必须控制好距离,才能使铁片不被磁铁吸住。因此必须调节好提供给磁悬浮列车电磁铁的电流,才能使电磁铁与导轨之间保持 10 毫米的间隙,实现车辆在水平方向和垂直方向的无接触悬浮和导向。由于列车的悬浮和导向与运行速度无关,停车时列车仍然可以悬浮。导向电磁铁确保运动的稳定性。

科普专项 10 超导型磁悬浮列车运作原理

利用磁铁"同性相斥"原理制成的磁悬浮列车,称为超导型磁悬浮列车,以日本超导型磁悬浮列车 SCMaglev 为代表,时速可达 500 千米以上。

超导型磁悬浮列车的最主要特征就是它的超导磁体在超低温环境下所具有的完全导电性和完全抗磁性。超导磁体由超导材料制成的超导线圈构成,超导磁体不仅电阻为零,而且可以传导普通导线根本无法比拟的强大电流,这种特性使超导磁体能够被制成体积小、功率强大的电磁铁。

超导型磁悬浮列车装有超导磁体,而列车的驱动线圈和悬浮导向线圈都安装在地面轨道两侧。当向轨道两侧的驱动线圈提供与车辆速度频率相一致的三相交流电时,就会产生一个移动的电磁场,这时列车上的超导磁体就会受到一个与移动电磁场相同步的推力,推动列车前进。

日本超导型磁悬浮列车采用低温超导材料,用液氦作为冷却剂。列车利用 EDS(electro dynamics suspension)电动力学悬浮技术来使得列车悬浮。超导型磁悬浮列车装载的超导磁体产生强磁场,超导型磁悬浮列车运行时与装置在地面轨道上的线圈相互作用,产生电磁排斥力将列车悬起,悬浮的气隙较大,一般为 100 毫米左右。SCMaglev 超导型磁悬浮列车在"U"形轨道里运行。

超导型磁悬浮列车行驶时,它的超导磁体能够在地面轨道的线圈里感应产生电流。由于车辆和导轨的缝隙减少时电磁排斥力会增大,从而提供稳定的列车支撑和导向。因为超导型磁悬浮列车时速大约低于 40 千米的时候无法保证悬浮,所以超导型磁悬浮列车必须安装车轮,在"起飞"和"着陆"时对列车进行有效支撑。

EDS 电动力学悬浮技术利用电磁感应原理,当磁体在导体旁边运动时,导体内部的磁场将发生变化,并产生感应电流。根据楞次定律,感应电流反过来产生磁场,此磁场倾向于抵抗产生感应电流的变化。

SCMaglev 超导型磁悬浮列车在导轨上行驶,导轨每一边都布满连续的"8"字形的导向—悬浮线圈。当列车高速行驶经过导轨时,列车两侧的超导磁体在导轨的"8"字形线圈里产生感应电流。超导磁体是经过"8"字形线圈中间的下方,因此,"8"字形线圈下半部分的磁通量变化大于其上半部分的磁通量变化,在"8"字形线圈里产生感应电流,同时产生一个磁力。

"8"字形导向—悬浮线圈下半部分的磁极极性与超导磁体的极性是一样的,而"8"字形线圈上半部分的磁极极性与超导磁体的极性是相反的,因此,上下两部分线圈对超导磁体产生一个向上的磁力,使得列车悬浮。由于只有当超导磁体处于运动状态时,"8"字形线圈才会产生感应电流和磁力,所以当列车处于静止状态时,它就不能悬浮。因此,列车起动时,首先要在车轮上滑行。当产生的磁力大到足以支撑列车的重量时,就像飞机起飞后一样,车轮被隐藏起来。

科普专项11　磁悬浮列车安全问题

磁悬浮列车的悬浮、导向和驱动全靠电磁力,如果突然断电,怎样保障磁悬浮列车的安全呢?

我们都使用过保护计算机信息的不间断电源(UPS)。在发生断电时,UPS 会立刻给计算机供电。磁悬浮列车上通常备有 4 个大容量的车载蓄电池,如果突然断电,蓄电池会在列车断电的瞬间接入,给列车供电,保持列车系统正常。只要有 1 个蓄电池能用,列车就能照常运行。这样,磁悬浮列车可以借助"惯性"一直开到下一个停车站。

磁悬浮列车如果距离下一个停车站太远,那又该怎么办呢? 在磁悬浮列车的运行线路上,每隔一段距离就设置有紧急情况临时停车点。在这种情况下,磁悬浮列车借助于涡流制动,使列车的速度降低到每小时 10 千米,然后让列车落到滑道上,滑行一定距离后停下来,这样列车的安全就得到了保障。

磁浮列车在失去动力的情况下,可以借助车身下面的滑橇,与轨道面进行摩擦制动。由于是高架,在特殊位置停车后(如桥梁、弯道等)确实存在援救困难,但是现在新设计的厢式轨道梁已经成熟。

第四章
未来高铁时代

专题十一 >> 未来高铁发展

科普专项 1　未来高速列车

"十四五"建设的大背景下,国铁集团提出基于智能高铁云平台为核心的"2035 智能高铁",主要包括智能制造、智能装备及智能运维三大方面,未来我国高铁行业将朝着这三大方面而努力,早日建成智能高铁。

与此同时,近年来,物联网、云计算、移动互联网、大数据等新一代信息技术发展突飞猛进,在全国提倡建设智慧城市的大背景下,高铁将基于数字化技术,研制运行水平更高、安全性和舒适性更好的高速列车。具体表现在研制不设分相、远程控制的牵引供电系统;研制与全国地震监测台网适时接入的地震监控预警系统;研究基于大数据的固定设备和移动设备智能监测与安全预警技术等,以实现中国高铁技术更先进、更可靠、更安全、更经济、更绿色,持续确立在世界高铁的领先地位。

此外,在当前双碳战略下,绿色节能环保是高速列车的重要发展方向之一,这是全球环境可持续发展的要求,在中国也是生态文明建设的需要。

一、绿色节能

未来高速列车在朝着更高速度发展的同时,降低能耗、满足环保要求也将会成为追求的目标。因此,在提升速度的同时还将注重速度与能耗之间的协调,在满足提速对牵引动力需求的同时,还要对提高能源效率、降低能源消耗进行研究。

(1)列车的牵引变流器通过采用效率更高的电力电子器件,提升列车牵引传动系统的能源转换效率。如 SiC(碳化硅)、GaN(氮化镓)等材料在高速列车牵引变流器中的应用将会在高耐压、大容量、低损耗、小体积等多方面带来技术提升;SiC 器件的导通电阻、门槛电压、一次开关损耗等关键技术参数都明显小于目前的 Si 基功率器件,这些都决定了 SiC 器件在效率方面将会有明显的提升。有关研究表明,SiC 器件的开关损耗只有传统 Si 基功率器件的25% ~15%,自身能耗约占传统 Si 基功率器件的50%,体积将会比原来降低一半以上。通过采用 SiC 器件实现列车牵引传动系统的高效和小型化已在众人的期待之中。

(2)采用高效牵引传动装置和低能耗电气设备,以降低列车能源消耗。如在牵引系统中采用永磁同步牵引电机,由于无须转子励磁,所以没有转子励磁损耗和无功输出;且噪声小、散热需求小,可使系统效率平均提高3% ~ 5%。开发以永磁电机为核心的牵引传动系统、实现传统异步传动系统的替代升级正在成为世界高速铁路技术竞争的焦点之一。目前,德、日、法等国都在积极研制以永磁电机为核心的牵引传动系统;我国的大功率永磁电机牵引系统已完成样机研制,性能试验结果良好,这为我国高速列车的能源效率、动力品质等指标达到世界先进水平奠定了基础。

(3)通过列车的轻量化设计,减低列车运行中的自身能耗。高速列车的轻量化主要通过结构优化、新材料和新装备应用等途径进行减重。结构优化是利用有限元件和优化设计方法设计更合理的车体和转向架结构,使零部件薄壁化、中空化、复合化,如中空车体型材、空心化车轴等结构;新材料应用也是实现轻量化的重要手段,国内外在高速动车组上进行应用研究的新材料主要有镁合金、铝蜂窝、纸蜂窝、碳纤维、泡沫铝等。随着科技的进步,加工设备的大型化、高效化、智能化发展,新材料、新结构以及新型轻量装备在高速列车的应用会越来越广泛,特别是通过采用碳纤维等新型轻质材料替代传统的金属材料的创新设计,能够使列车零部件的自重得到明显降低。

（4）通过减小列车的运行阻力,降低列车能耗。高速列车的低阻力技术主要通过气动减阻实现,气动外形优化技术、表面减阻技术和流动控制技术的探索应用是目前低阻力技术的主要发展方向。根据高速列车双向运行、大长细比、尾部有较大气流分离区等特点,研究仿生沟槽表面减阻、涡流发生器、附面层控制等最新技术在高速列车上的工程化应用,也是目前高速列车低阻力技术的研究热点。通过仿真及风洞试验等先进技术手段,可以发现并解决高速列车在运行中可能出现的空气动力学问题,并有针对性地优化列车外部造型及其表面涂装材料。这些技术的发展都将会给高速列车的减阻降耗带来新的研发成果。

二、智能化

　　未来,高速列车的发展将会不断提高列车的智能化水平。现阶段高速列车的各类服务包括司机、乘务员等,都需要大量的人员投入,所以免不了会出现人为因素导致的失误。为了减少此类失误的发生,发展智能化高速列车将会是未来高速列车的一个重要发展方向。智能化高速列车是依托高速动车组技术平台,以全息化列车状态感知和动态数字化运行环境为基础,以信息智能处理为支撑,实现新兴的物联网技术、传感网技术在大型交通运输装备上的工程化应用,形成高速列车的自检测、自诊断、自决策能力。其中,实现物联网、传感网、列车控制网络、车载传输网络的多网融合是智能化列车的关键技术。

　　（1）智能化技术应用。基于传感网、物联网、卫星通信、大数据等信息技术,构建列车及运行环境感知系统、高速数据交换和海量信息处理系统,实现列车的安全预测、运行管理、智慧旅服、智能维保等智能应用,实现列车的高安全性、高舒适性、高可靠性和高效能。

　　（2）车载 Wi-Fi 技术应用。为了打破“信息孤岛”,需要创建移动互联网接入、部署无线局域网,以满足旅客在乘车过程中的网络接入需求,同时构建信息服务平台,使乘客可以享受到及时、准确、周到、个性化的信息服务。

　　（3）基于大数据平台的故障预测与健康管理技术。需要建立高速列车关键部件运行状态监测数据库,建立关键部件状态——寿命映射模型,对实测状态数据进行动态数据反演分析,评价列车运行过程中的健康状况,实施关键部件健康评估、故障预测,给出维修决策,实现高速列车主动运维。京张高铁是 2022 年北京冬奥会的重要保障工程,设计时速 350 千米,正线全长 174 千米。该条铁路线的目标是成为智能京张线,即初步实现智能建造、智能装备、智能运营(图 4-1)。

图 4-1　智能京张高铁实体样车展出

(资料来源:新浪网,2020 年 1 月 4 日)

中国对智能高铁的展望将从智能高铁设计、建造到运营全产业链成套技术,逐渐转变为向自主控制升级、全面自主控制的方向发展。构建基于信息物理系统(CPS)的智能高铁大脑,建造自学习、自适应和全面感知的智能装备,建立全方位智能的保障体系和运行开行方案在未来都不是梦。智能高铁是铁路发展的未来,人机物三元融合的世界将展现未来的无限可能。中国铁路愿与世界各国携手,加强创新能力开放合作,加快重大创新突破,共商共建共享,共同创造世界铁路的美好未来。

三、人性化

未来,高速列车将加强人性化设计,为乘客营造更加良好的乘车环境。从人机工程学、舒适性等出发,对高速列车进行研制。

(1)乘车便捷。乘车便捷性将会充分考虑旅客乘车时的方便性和舒适性感受,包括高速列车出入口与站台的对接方式和列车内部通道的畅通,既要充分考虑到旅客以及旅客携带的随身物品的大小,还要考虑旅客上下车时的方便性以及特殊人群上下车时间的充裕性。

(2)空间宽敞。车厢内部空间设计将会充分利用列车现有内部空间,提高其利用率。例如:部分中间车设计为双层列车,优化列车内部空间,配置餐饮区、休息区,为残障人提供实用周到的设施条件;还可以在端部车厢增加快递包厢,利用信息化、自动化手段让高速列车在快递业务中发挥其"快速"的特长。或许有一天,旅客可以坐在列车上用手机等搜索沿途的美味和特产,并方便地在旅途中下单和收件。

(3)乘坐舒适。车辆的舒适性主要体现在座椅或卧铺的舒适性、列车运行的平稳性、车内噪声、车内温度、车内光线、旅客界面等多个方面,这些旅客在乘坐高速列车时所能直接感受到的舒适性指标都将会随着高速列车技术的不断发展而得到进一步提升。人机工程学、主动悬挂技术、主动降噪技术、智能空调和智能光线控制等技术的推广应用,以及能够满足旅客旅途实际需求的友好性,旅客界面都将为高铁旅客带来更加良好的旅途体验。

四、标准化

未来,世界各国的高速列车必将进入一个标准化的时代。目前,全球轨道标准还呈现多样化,世界范围内存在米轨、标准轨、宽轨等不同形式,各国铁路的供电条件也不尽相同,每个国家都在根据各国国情进行设计研制。但是随着世界高速铁路网的形成和洲际列车的开通,区域内高速列车互联互通成为必然。目前,欧洲最新研发的高速列车普遍符合 TSI 标准,中国标准动车组也已初步实现了中国国内的高速列车互联互通设计,世界其他新兴高铁市场也将面临与既有铁路兼容或与区域内高铁互通,洲际或区域内将逐步形成统一的高速列车互联互通标准体系。

高速列车互联互通标准体系的形成还将推动高速列车产品的设计与制造向标准化、模块化发展,列车关键零部件的接口标准将会逐步趋向统一。未来,高速列车的生产过程都将是基于平台化、模块化的,整车有其自己的设计平台,同时各个子系统也有其自己的模块化设计规范,如此一来,开发商就可以基于某个平台,根据客户的个性化要求实现模块化组装设计、生产,并且有利于列车的升级换代。

目前,阿尔斯通已设计出了一种适用于所有高速列车内部装修的模块化设计方案,并应用到了法国第四代高速列车 AGV 上;西门子公司设计的 Velaro 平台,能够针对每个用户的需求安排不同的配置;德国也正在对其新一代高速列车 NGT 通过模块化和系统集成进行设计制造。所有这些尝试,都为高速列车产品的功能细分和模块搭建做出了贡献,也为这些模块逐步走向标准化奠定了基础。

五、更高速度

目前,我国的高速列车最高运营速度已经达到了时速 350 千米,下一步将要探索实现运营时速 400 千米的可行性。但是从高速列车轮轨关系研究以及对高速列车进一步提升速度的经济性分析可以看出,想要依靠现有高速列车的结构形式实现大幅度速度提升的可能性已经不大,因此对高速列车更高速度的追求可能会逐渐转移到非轮轨关系的高速铁路技术发展方向上。

磁悬浮列车是一种非轮轨关系的交通工具,日本研制的高速磁悬浮列车试验时速已经达到 603 千米,如果再将磁悬浮铁路放置到一个足够大的真空管道中,则列车在没有空气阻力的条件下,将会达到时速 1 000 千米的超高速运行。

世界上第一条高速磁悬浮铁路的商业运行线是 2001 年 3 月 1 日开工建设的上海磁悬浮列车示范线,线路全长约 30 千米,设计最高运行速度为 430 千米/时,仅次于飞机的飞行时速,由中德两国合作开发。2002 年 12 月 31 日全线试运行,2003 年 1 月 4 日正式开始商业运营,单线运行只需 8 分钟。经过十几年的长期运行考验,上海高速磁悬浮列车在速度、安全等多方面都展示出了明显的优越性。

我国于 2016 年开始,由中车四方股份公司研发 600 千米/时的常导高速磁悬浮列车商业运营系统。列车设计为 3~8 辆编组,设计最高运营速度 550 千米/时,最高试验速度≥600 千米/时,最大加速度 1.16 米/平方秒,试验线可达 2.0 米/平方秒,设计寿命 30 年,定员超过 400 人。

常导高速磁浮系统主要由车辆、牵引供电、运控通信、线路轨道四大系统构成,为满足 600 千米/时高速运行要求,各系统均进行了全面的创新升级。

车辆对于由速度提升带来的高速空气动力学、车体结构强度、振动噪声、气密强度、悬浮导向控制等一系列问题提出了诸多创新的解决方案,如全新的气动外形设计用以获得高速工况下优良的空气动力学性能,主动减振降噪技术为乘客提供更舒适的乘车环境,高性能的悬浮导向控制器及创新的悬浮导向控制策略用以获得良好的悬浮导向稳定性等。同时,车辆在车体轻量化方面进行了大量优化工作,引入碳纤维复合材料车体及零组件工艺技术,用以提高系统牵引加速能力、降低悬浮损耗、提高悬浮控制动态响应特性。

为了让车辆的运行速度更快,牵引就需提供更多的能量,我国的常导磁浮牵引供电设计容量达到 96 兆伏安。如此大容量的供电需求,传统轮轨的弓网受流方式已无法满足要求,从而采用了基于大功率 IGCT 变流器的地面牵引供电方式,相应的高性能电机控制系统也设置在地面,实现列车的速度、位置自动闭环控制。

对于高速磁浮系统来说,列车的牵引、制动、进站、出站等命令均由位于地面的运行控制系统发出,包括中央控制系统、分区控制系统及车载控制系统。为实现高速运行的列车与地面控制之间能够有效通信,磁浮采用了高速无线通信系统。

磁浮的轨道是区别磁浮系统与传统轮轨系统的一个主要特征。磁浮的轨道全线铺设了长定子线圈,兼具实现了磁浮列车支承、导向和牵引的功能。高速运行的系统对轨道的精度提出了更高的要求。同时,为满足长大干线救援逃生需求,提出了新型梁上板式轨道梁结构。

我国的高速磁浮工程化系统尚处于起步阶段,但基于"十一五""十二五""十三五"前期的技术积淀,现正以高昂的姿态快速发展。当前的系统同时兼顾了低真空管道的应用。相信在不久的将来,我国的高速磁浮列车必将如我国高铁一样,引领新一代中国轨道交通技术走向世界。

"真空管道运输"的想法最初是由机械工程师达里尔·奥斯特在 20 世

纪90年代提出来的,1997年他获得了这项技术的专利。2013年,有着"科技狂人"之称的美国电动汽车公司特斯拉(tesla)CEO埃隆·马斯克(Elon Musk)对"真空管道运输"概念进行了发展,提出了"超级高铁"的理念,对这种运输概念贡献了更多的设计细节,而美国科技公司ET3公司的真空管道运输项目,也是在这种想法的基础上设计的,他们将其命名为"胶囊"列车。两家公司所研制的超级高铁所采用的原理均基于"超级回路"(hyperloop),它采用的磁悬浮技术使列车处于一种没有摩擦力的环境中,马斯克认为这将有可能使真空管道中的列车达到时速1 200千米的超高速。无论这些设想是否都能够真正实现,至少这些概念的提出及试验探索都已让高速列车的速度追求者们感到振奋。

六、自动变轨距高速列车

在全球铁路还未实现标准化的情况下,由于一些国家铁路以及与邻国之间的铁路轨距存在差异(如西班牙国内之间以及与法国,中国与俄罗斯等),给高速列车实现跨线直通带来了困难。目前铁路上列车的跨国互通大多采用了在两国边境口岸车站更换不同轨距的转向架的方式来实现。更换转向架的过程较复杂,所需的时间也较长,这与高速列车的快速特征难以匹配。

要想实现列车跨国互联直通运营,就必须要适应各国不同的铁路轨距,这就会用到自动变轨距技术。目前自动变轨距技术已在部分欧洲国家的铁路上得到了成熟应用。其主要原理是在地面专用设施的配合作用下,使车轴上的车轮能从锁定状态自动转变为解锁状态,并随着地面设施的引导,改变两个车轮之间的距离,然后再自动锁定轮距。尽管这一过程是在列车以较低的速度通过地面引导设施来实现的,但比起传统的更换转向架的变轨距方式就显得既快又方便。所以,采用轮距可变的转向架(变轨距转向架)将有可能成为高速列车实现跨国直通联运的一种新手段。

科普专项2 三个未来高铁不停站方案

第一个方案是英国的设计师保罗·普瑞斯特曼提出来的:城市电车。

具体计划是,高铁进站不用停,一直在铁轨上保持原有的速度行驶。而城市电车从另一轨道驶来,与高铁保持相同的速度,两车并行,车门对接,乘客们直接从两道连接的门里上下车(图4-2)。交接完毕后,高铁继续沿着原有的路线走,而城市电车则从另一轨道离开,开往市区,绕城一周,把乘客放在家门口的站台,让未来市民能够在家门口乘车。

图4-2　英国:并行式对接换乘

(资料来源:搜狐滚动,2015年7月7日)

第二个方案是我国的专家陈建军设计的:顶部悬挂式换乘(图4-3)。方案是,在高铁的上方专门增添一个用来换乘的吊舱,还有一个尾舱。需要上车的乘客提前进入吊舱,等高铁进站时,直接将它放到运行的高铁顶部。而下车的乘客则提前进入尾舱等候,到站后直接从高铁上脱离。这与移花接木差不多,虽然难度有点高,但是要能实现的话,可以减少不少的行车时间,还能节省不少能源。

第三个方案则是土耳其伊斯坦布尔的马尔马拉环形项目:尾部对接式换乘(图4-4)。在他们的设想中,高铁车厢是模块化形式,一直在环形路线上行驶,等快到站点时,就会有几节车厢带着要上车的乘客,从后方赶来,与前面的车厢对接。完成对接后,上车的乘客直接走进前面的车厢,下车的乘客往后走就可以了。等交接完毕,后面的两节车厢进行脱离,带着下车的乘客进站台。

图4-3　中国:顶部悬挂式换乘效果图

（资料来源:搜狐滚动,2015年7月7日）

图4-4　土耳其:尾部对接式换乘效果图

（资料来源:搜狐滚动,2015年7月7日）

科普专项3　未来高铁发展方向

一、速度化

（1）轮轨高铁。轮轨高铁现在运行速度最高,时速350千米,经过研究,最高商业运行速度可以达到400千米/时,但需解决几个问题:

1）环保节能。就能耗而言,每千米能耗与速度二次方成正比。如郑州至徐州高铁试验实测表明:400千米/时能耗比350千米/时高30%,增长迅速。就动车组产生的车外辐射噪声而言,400千米/时比350千米/时声压级提高约3%,噪声能量增加100%,会对高铁沿线居民造成较大影响。

2）降噪的问题。动车在400千米/时安全性指标仍然处于良好状态,但舒适度指标下降较快,动车组产生的车内噪声,400 千米/时普通客室车内噪声平均值比 350 千米/时声压级上升 2 ~ 3 分贝,乘客的舒适感下降,轮轨黏着力也是制约因素之一。可以通过制造更节能的动车组,设置更能够吸音和隔音的声屏障,建造能够减振的一些新型轨,解决一些节能降噪的问题(图 4-5)。

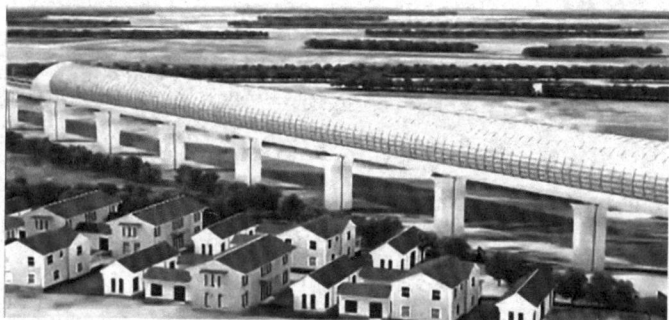

图 4-5　吸音和隔音的声屏障图

(资料来源:CCTV 2 财经频道《中国经济大讲堂》,2020 年 10 月 18 日)

(2)磁悬浮高铁。国内外都在研究磁悬浮高铁,日本计划要利用超导磁悬浮技术,建设东京到大阪的中央新干线,设计时速 505 千米;中国在超导和常导技术方面,还要在悬浮技术、牵引技术、导向技术、制动技术等方面进一步深化,以便实现工程化。

(3)低真空管道超高速列车。真空管道高速列车是高速磁悬浮技术与真空管道运行技术的结合,以解决空气阻力大、噪声高、能耗高等问题。我国正在研究时速 800 ~ 1 000 千米低真空关东超高速技术。

需解决的主要技术问题是:低真空环境实现与维持技术、低真空管道设备总体布局、低真空桥隧及救援技术、低真空道岔及战场技术。

二、智能化

铁路的固定设备、移动设备以及环境信息能够实现全面感知、泛在互联、自学习等功能,形成新一代的铁路系统。具体包括三个方面:

（1）智能建造。智能设计、无人化施工或者少人化施工、智能管理等方面。

（2）智能装备。主要指动车组的自动化、无人化驾驶以及安全的智能化监控、智能化诊断等方面。

（3）智能运营服务。比如无感安检、行程智能规划、各种交通工具的一卡通等，为旅客提供更方便的服务。

三、绿色化

高铁本身是一个绿色交通工具，但还未发展到绿色交通的顶峰，实际上还有很多潜力可以挖。绿色铁路包括绿色通道、节能减排、减振降噪、节地、节材五个方面。在设计、施工、运营、维护等各个阶段融入绿色发展理念；尽可能降低环境污染，减少能源消耗，提高沿线绿化水平，植被覆盖和恢复技术。

（1）节能。在施工运营过程中使用节能设备，充分利用可再生能源。

（2）减振降噪。高铁建设中的减振降噪措施是高铁环保绿色化的重要组成部分。通过优化轨道结构、设置声屏障、采用低噪声车辆和智能化监测系统，最大限度地减少对环境和居民生活的负面影响。

（3）节省土地。尽量少占地，在双层车站、双层桥梁等方面下功夫，节省土地。

（4）节省材料。首先把废弃的建筑材料废物利用，其次要延长钢筋混凝土结构的使用寿命。

（5）建设绿色长廊。解决荒漠化、石漠化、干旱地区的绿化问题。

注重环境保护是高速铁路发展中不变的主题。高铁发展过程中对于环境的保护问题，主要体现在建设施工阶段，这就给铁路工程技术人员提出了伦理责任的要求。日本土木学会关于社会资本与土木技术的 2000 年仙台宣言的要点中，对于土木工程人员的理念要求如下：与自然协调，进行持久的发展；尊重地方个性；注重保护历史遗产，发扬传统。就具体问题而言，高速铁路的建设过程中，不仅要关注高铁沿线的生态安全与生物多样性问题，也要注重对沿线历史资源的保护；同时，对于高铁运营所产生的噪声污染、振动污染、电磁干扰等问题,也要进行严格、科学地控制,保证最小限度地减少对高铁沿线民众正常生活的干扰。

四、经济化

高铁投入比较大、回收成本时间也非常长,所以经济问题也是需要研究和攻克的问题,将来的高铁会更方便、更快捷、更舒适、更安全,人享其行。

五、人性化

高铁技术的发展,除了必须遵从客观规律外,还必须要"以人为本",从"人"出发。人类一切活动的最终目的,是要促进人类的完善与文明的发展。无论高铁的未来将如何发展,却始终不可忽视对"人"的关怀,不可脱离"人道"的精神。因此,高铁在建设过程中,要充分考虑文化传承因素,重视沿线文物的考察、挖掘和持续利用工作,重视站房设计的人文性与自然性的完美结合。在对高速铁路的相关周边产品,如车体设计与规划、售票服务、列车服务等环节的经济利益的追求中,切不可忽视人性化的伦理准则。以人性化为指针,不仅注意高铁建设过程中列车本身的人性化设计,也注重强调运营过程中的人性化服务,才能真正确保高速列车的快速、安全与舒适。

参考文献

[1]王麟,李政.高铁的前世今生[M].北京:中国铁道出版社,2016.

[2]贾坚.城市地下综合体设计实践[M].上海:同济大学出版社,2015.

[3]田四明,巩江锋.截至 2019 年底中国铁路隧道情况统计[J].隧道建设,2020,40(2):292-298.

[4]关宝树.漫谈矿山法隧道技术第五讲:衬砌(一)[J].隧道建设,2016,36(3):251-256.

[5]肖广智.从当前铁路隧道衬砌典型病害谈设计施工改进措施[J].隧道建设,2018,38(9):1416-1422.

[6]龚渠洪.浅谈铁路隧道衬砌常见施工质量问题及预防措施[J].现代隧道技术,2018,55(2):208-211.

[7]陈文义,尚伟.基于张吉怀铁路隧道衬砌缺陷控制的新型信息化衬砌台车研究与应用[J].隧道建设(中英文),2019,39(9):1537-15.

[8]芮正雄.隧道二衬混凝土质量通病成因及防治研究[J].工程技术研究,2019,4(9):113-114.

[9]王杨,吕刚,刘建友.京张高铁隧道衬砌混凝土智能式养护成套技术实践[J].铁道标准设计,2020,64(1):99-103.

[10]丁叁叁,田爱琴,王建军,等.高速动车组碳纤维复合材料应用研究[J].电力机车与城轨车辆,2015,38(1):1-8.

[11]徐伟昌,许玉德,谭社会,等.高速铁路无砟轨道线路质量等级管理[M].北京:中国铁道出版社,2016.

[12]方炅任,张亚楠,赵川宇,等.碳纤维车头在市域快轨车辆上的应用[J].铁道机车车辆,2019,39(6):119-125.

[13]王曦,付晨.复合材料转向架构架及其疲劳损伤分析方法研究综述[J].北京交通大学学报,2019,43(1):42-53.

[14] 盛欢,王泽华,邵佳,等.高速列车制动盘材料的研究现状与展望[J].机械工程材料,2016,40(1):1-5.

[15] 吴蔚,沈慧雯.对话的火车站:gmp交通建筑的一体化设计[J].城市建筑,2017(11):26-30.

[16] 谭社会.高速铁路无砟轨道精调质量控制技术研究[J].铁道标准设计,2015(12):18-21,22.

[17] 许兴旺.湿陷性黄土地区高速铁路路基地基沉降控制技术[J].铁道建筑,2017(4):83-86,90.

[18] 王瑷琳.高速铁路桩板结构路基设计有关问题研究[J].路基工程,2016(4):55-59,64.

[19] 周颖,陈瑾.高速铁路无砟轨道路基结构荷载传递规律研究[J].铁道工程学报,2016(5):18-24.

[20] 韩鹏飞.中德高速铁路路基设计主要技术标准对比分析[J].铁道工程学报,2017(4):21-24.

[21] 金莉.高速铁路超长大桥梁设计研究[J].铁道标准设计,2017(1):34-40.

[22] 赵勇,田四明,孙毅.中国高速铁路隧道的发展及规划[J].隧道建设,2017(4):92-97.

[23] 郑健.高铁线路工程[M].上海:上海科学技术文献出版社,2019.

[24] 施卫忠.高速铁路联调联试技术创新及工程实践[J].中国铁路,2017(2):1-6.

[25] 陈勋.高速铁路无砟轨道精调作业综合评价方法研究[J].华东交通大学学报,2016(6):72-76.

[26] 李梁京,王继荣,李军.新型轻材料在转向架部件中的应用[J].青岛大学学报(自然科学版),2017(4):42-46.